大夏书系·教育新思考

思维影响教育
给教师88个批判式思考

Thinking Affects Education

徐明 著

华东师范大学出版社
全国百佳图书出版单位

图书在版编目（CIP）数据

思维影响教育：给教师88个批判式思考/徐明著.—上海：华东师范大学出版社，2019
 ISBN 978-7-5675-9075-5

Ⅰ.①思… Ⅱ.①徐… Ⅲ.①师资培养 Ⅳ.① G451.2

中国版本图书馆CIP数据核字（2019）第060426号

大夏书系·教育新思考

思维影响教育
—— 给教师88个批判式思考

著　者	徐　明
策划编辑	朱永通
审读编辑	张思扬
封面设计	奇文云海·设计顾问
出版发行	华东师范大学出版社
社　址	上海市中山北路3663号　邮编　200062
网　址	www.ecnupress.com.cn
电　话	021-60821666　行政传真　021-62572105
客服电话	021-62865537
邮购电话	021-62869887　地址　上海市中山北路3663号华东师范大学校内先锋路口
网　店	http://hdsdcbs.tmall.com/
印刷者	北京东君印刷有限公司
开　本	700×1000　16开
插　页	1
印　张	15.75
字　数	245千字
版　次	2019年6月第一版
印　次	2023年7月第九次
印　数	29 101-30 100
书　号	ISBN 978-7-5675-9075-5/G·12008
定　价	49.80元
出版人	王　焰

（如发现本版图书有印订质量问题，请寄回本社市场部调换或电话021-62865537联系）

目 录

序　课堂革命，从思维革命开始 ……001

第一辑 >>> 什么是好的课堂

思考1：可否让孩子在课堂上"撒点欢儿"? ……003
思考2：谁规定了每个孩子只能喜欢一棵树? ……005
思考3：弱水三千，该取哪一瓢? ……007
思考4：不叫任何一节课虚度 ……009
思考5：口若悬河与惜词如金 ……011
思考6：可否让学生再做一遍? ……013
思考7：合作学习会助长学生开小差吗? ……014
思考8：疏忽的岂止是概念 ……015
思考9：话说提问"偏心" ……016
思考10：表扬之后怎么办? ……019
思考11：当学生比教师走得更快…… ……020
思考12：聚焦"课堂革命"之一：什么样的"革命" ……022
思考13：聚焦"课堂革命"之二：诀别还是离别 ……024
思考14：聚焦"课堂革命"之三："派系林立"的革命 ……027
思考15：聚焦"课堂革命"之四：跟着志愿者学"革命" ……029

第二辑 如何"让爱变现"

思考 16：王健林给我们什么启迪？ ……035
思考 17：留一把椅子给"老虎" ……037
思考 18：摘掉假睫毛之后的"爱情"…… ……038
思考 19：画蚂蚁的孩子 ……039
思考 20：换个角度看"优势" ……041
思考 21：开学"三事" ……042
思考 22：你以为你理解的就是你所理解的？ ……044
思考 23：做个"懒"教师 ……046
思考 24：从"对付"作业到"看待"人 ……048
思考 25：应"战" ……050
思考 26：莫云教师痴 ……052
思考 27：爱给谁看？笑在何时？ ……055
思考 28：表扬的成本 ……057
思考 29：一只调羹，一面镜子 ……059
思考 30：幼儿家长会3.0 ……061
思考 31：判断的自信与选择的尊严 ……063
思考 32：亲妈为什么不敌老师？ ……065
思考 33：从"不速之客"到"永久居民" ……068
思考 34：孩子的"原则"与"狡黠" ……071
思考 35：跌跌撞撞又一天 ……074

第三辑 教科研到底是什么？

思考 36：教科研到底是什么？ ……079
思考 37：教科室主任的角色 ……083
思考 38：课题是教师素养提升之道 ……086
思考 39："草根"科研发生的样子 ……089
思考 40：从准确定位开始：改变学校科研生态 ……092

思考 41：从准确定位开始：重塑区域教科研管理者的形象 ……095
思考 42：开题并非研究的开始 ……098
思考 43：走出"怪循环" ……100
思考 44："少谈些主义"的草根科研及其背后 ……102
思考 45：课题结题"想"什么？ ……105
思考 46：好课由"一点"再及其余 ……108
思考 47：别让"惯性"遮蔽了眼睛 ……111
思考 48：反对一种"精致"的"伪科研" ……114
思考 49：警惕一种"伪教育"：遮蔽真相 ……117
思考 50：教师渐进性课改的可能打开方式 ……119

第四辑 >>> 谁来等等教师的灵魂

思考 51：倾听第四种声音 ……125
思考 52：教师发声的"武林秘笈" ……128
思考 53：教师发声岂止在课堂 ……131
思考 54：终究是人师：听周德藩先生讲故事 ……133
思考 55：谁为今天守门？ ……136
思考 56：谁来等等教师的灵魂？ ……139
思考 57：东西南北中：他们为教师代言 ……142
思考 58：做"名"师，还是做"明"师？ ……145
思考 59：要"名"师，更要"民"师 ……148
思考 60：未曾离别：致敬那些并不完美的先生们 ……151
思考 61：好老师只是多说了一句话 ……154
思考 62：课堂上还要不要"讲"？ ……156
思考 63：不止于悔 ……159
思考 64：今天怎样看教师的权威？ ……162
思考 65：让学校的"非正式组织"做"正式"的事情 ……164
思考 66：按下什么"葫芦"，起了什么"瓢" ……167
思考 67：应对"课堂答错"中的教师智慧 ……170

思考 68：谁帮教师"过三关"？ ……173

思考 69：班主任与科任教师：建一个什么样的团队 ……176

第五辑 >>> 怎么让笑容直抵孩子内心

思考 70：让创新思维弥漫校园 ……181

思考 71：教室里的"人类命运共同体" ……184

思考 72：清华附小到底"闹腾"了什么？ ……186

思考 73：从校庆的"升级换代"说起 ……189

思考 74："高大上"背后的"童子功" ……191

思考 75：让教育论坛回归本位 ……194

思考 76：不做"教师的医生"也罢 ……196

思考 77：别让马云抢了教师的"饭碗" ……199

思考 78：学校要建什么样的"国学堂"？ ……202

思考 79：让笑容直抵孩子内心 ……205

思考 80：莫使教师成"鸟"人 ……208

思考 81：莫要小瞧"基础题" ……211

思考 82：如雪的教育改革："怕他不来，又怕他乱来" ……214

思考 83：学科课堂的生活化改造：现实的选择与可能的道路 ……217

思考 84：热闹的人工智能时代，冷静的创造力课堂 ……221

思考 85：知识 App 时代，课堂如何维护"讲"的尊严？ ……225

思考 86："小学神题"与创造力教育 ……229

思考 87：当年其实可以教得更好 ……233

思考 88："减负"三问 ……236

序　课堂革命，从思维革命开始

"革命"一词，已经远离我们的日常生活久远了……每每重新出现在脑海之时，浮现出"激情满怀""热血沸腾""浴血战斗"，以及"森林般的旗帜""锣鼓喧天般的喧闹""暴风骤雨般的批判"等"革命画面"。我们深知"革命"的不易，更深知它可能带来的后果。所以，"改良""改变""改革"逐渐替代了"革命"，一切都显得"温柔"或"温情"了许多……似乎，今日已经不需要"革命"，它可以退出历史舞台了。

当我第一次听说"课堂革命"，尤其是阅读徐明的《思维影响教育》，发现正文里四次聚焦"课堂革命"之时，内心骤然一紧，"革命"又来了？稍许紧张之后，我的心情很快平复下来，读书人喜欢"静思""琢磨"的习惯，让我咂摸出了"革命"之于"思维"的意义。

物理学家玻姆曾言，世界上所有的问题，都是思维问题。教育问题，何尝不是如此？在我亲历20余年的"新基础教育"改革中，有两个改革起点：一是价值观的改变，价值观不改变，任何策略、方法和工具的改变都是枉然，很可能会南辕北辙；二是思维方式的改变，思维方式不变，有再好的课程、教材与教法，教育教学依然会"穿新鞋，走老路"。

思维的改变之难，是教育改革面临的最大瓶颈与障碍。最可怕的不是局长、校长和老师们没有新的教育理念和知识，而是思维的固化与僵化。随着教育改革的深入，教育人思维的更新、改变愈发急迫，"思维革命"的意义愈加凸显：只有革去旧思维，迎来新思维，课堂才能焕然一新，生命才会焕然一新，教育才能焕然一新。

当今的课堂，亟须通过思维转型实现思维革命。我曾经听过中国工程院院士、华东师范大学校长钱旭红的一场有关思维的报告，他的核心观点是，人类需要从经典思维走向量子思维，经典思维的特性是"分界、部分、机械、惯性、划一、精确、定域、割裂、被动、计划"，它的思维方式是，非此即彼，要么死，要么活；量子思维的境界则是"无界、整体、灵活、多向、差异、可能、联系、互动、莫测"，在这种思维视域里，是态的叠加，既死又活。在钱旭红看来，公理不变，思维可变，过去不变，未来会变，可变则变。人类智慧的起点，是改变自己、改变思维、不等不靠、不怨天尤人。撬动世界的关键支点，不是地球、国家、民族，也不是别人，而是自己的内心思维。

思维之所以能够撬动世界，在于它是隐匿或隐性的。与其他革命不同，思维的革命，是静悄悄的革命，如同海德格尔所言，看不见的影响和支配看得见的，这是以静制动的具有触及根底性质的"革命"。

若以此为眼光，来看待《思维影响教育》，我从中读出了"思维转型"或"思维革命"的味道和意蕴。它不仅点明了思维之于教育的影响，而且提出了当前教师最欠缺的"批判式思考"，亦即"审辩式思维"。

如此带来的"思维革命"，至少具有四重意味。

首先，思维革命意味着形成追问性的质疑习惯。尤其是对那些习以为常、约定俗成、貌似有理，因而熟视无睹的概念或现象的追问："可否让孩子在课堂上'撒点欢儿'？""谁规定了每个孩子只能喜欢一棵树？""表扬之后怎么办？""教科研到底是什么？"……任何观点、知识和经验都有边界，只有经过深思拷问后留下来的才是真知，才可能传下去。更重要的在于，这些问题的提出，出自作者的思维习惯：在不断的追问中质疑的习惯，从中体现出了思维的力量，——谁能具有这样的习惯，拥有这样的力量，谁就能改变课堂，影响教育。

其次，思维革命意味着摈弃传统的思维。诸如"点状思维""割裂思维""二元对立思维""非此即彼思维"和"极端化思维"。书中以"加强师德教育"为例，它被习惯性地等同于"必须坚决拒绝收受学生和家长的礼品"，在作者看来，"师生之间有意义的小礼物交流，既是情感的自然表达，又是让学生学会生活的重要组成部分"。过分强调师德规定而否定师生之间的小礼物交流，既是一种非此即彼式的思维，也是极端化的思维。类似的思维方式，在教育改革过程中并不鲜见。之前甚为流行的从"教师中心"走向

"学生中心",从"以教定学"走向"以学定教",从"先教后学"走向"先学后教",都是典型代表。这些传统的思维方式不革除,"课堂革命"就难以实现。

再次,思维革命意味着要转换视角看问题。思维的固化与僵化,往往表现在拘泥于一个视角看问题,由此带来的不仅是"观念的褊狭",更可能带来"心灵的狭隘"。很多时候,只要"换个角度""换把尺子"看问题,就会洞开一片新的天地。例如:换个角度看"优势","优势"就成了劣势,同样,劣势也可能成为优势。视角改变了,以"优势"自居者,就多了些冷静和警醒,因"劣势"悲观者,就多了些自信和从容。

最后,思维革命意味着中西思维方式的融通。人们常以西医和中医作比较,来凸显其背后迥异的思维方式。"西医思维"以形式逻辑为主导,核心是分解合成观,强调逆势而为,通过解剖死人,治活人;"中医思维"以辩证逻辑为主导,追求系统整体观,天人合一,主张顺势而为,把脉活人治活人。两种思维特性各有利弊,各有千秋,不存在谁高谁低的问题。在课堂革命的进程中,最合理的方式,不是在中西思维的对比中做"非此即彼"的选择,而是取长补短,在"交互学习"中"交融共生"。例如,中国人性格中的弱点——忽视概念、过程、原理、结构和程序,其根源与中国思维特性有关,为此,应向西方思维学习,以弥补我们的短板。为此,书中在充分体现了鲜明的中国式"辩证逻辑"的同时,也渗透了西方思维的气息,"批判式思考"即是典型代表。

"思维革命"是人的内心的革命,无论是哪一个具体方面的转型,都将经历漫长艰难的过程,但无论如何,对于已进入"深水区"的中国教育教学改革来说,这场革命不可避免,也无法阻挡,与旧思维"离别"的时候,已经到了。

李政涛

教育部长江学者特聘教授

华东师大基础教育改革与发展研究所所长

"生命·实践"教育学研究院院长

第一辑　什么是好的课堂

思考 1

可否让孩子在课堂上"撒点欢儿"？

在一次关于要不要开展合作学习、开展合作学习会不会影响学习效率的讨论中，一种观点表达了教师的担心，即组织合作学习，总不如集体授课来得快速整齐，总有一些时间被消耗于聊天、张望、走动、管理、争论。这是不可否认的。但是深入下去，这似乎又涉及另外一个问题，即上课的目的到底是什么。

如果只是为了记忆与分数，恐怕没有什么课堂比整齐划一、背诵训练的"满堂灌"来得见效快、成本低。可是，这样的"成效"能维持多久？这是学习的根本出发点和真正归宿吗？

说到底，孩子在学校学习，是为了适应他当下和未来的生活，是为了这个特定的人本身。生活本来就是丰富多彩的，人的需要和个性更是多元的。也许在我们看来，学生在课堂上聊天、张望、走动、争论是"不守纪律""低效学习"的表现，可这恰恰是原汁原味的生活，能在潜移默化中帮助孩子成为他可能成为的那个"人"。更何况，研究表明，学生在轻松、自信、自然状态下的记忆强度与长度更明显。

要分数还是要全面发展的人，成为区分好课堂和不太好的课堂的关键尺度。所以，在创设良好问题情境、深化课堂自主管理的基础上，我们可否适度让学生"撒点欢儿"？只是，这个"度"到底在哪里，不仅考验我们的教学经验，更呼唤我们的教育艺术……

好的课堂，好的教师，应该允许孩子撒点欢儿。适度的"撒欢"是对孩子天性的尊重，是对课堂教学目标全面的理解和把握。

但是，课堂毕竟是学习知识、训练思维、涵养生命的地方。热闹或许是学习的一种状态，而宁静则更应该是学习的一种常态。所以，课堂的撒欢儿说到底应该是气氛的热烈、思维的碰撞，而不是浮于表面的喧闹。甚至可以说，适度地撒欢儿，尽管有尊重天性、"为了撒欢而撒欢"的意思，但在更广泛的意义上，可能还是为了促进宁静的学习。

因为工作的关系，我曾经听过很多堂小组合作学习的公开课。教学内容与教师风格各有差异，但小组合作方式和流程却大同小异，基本上是接受任务、个人自学、组内合作、组际交流几个环节。这确实也激发了学生主体的积极性，促进了学生的深度学习。但一个细节引起我的关注，就是在小组合作向组际交流转换过程中，也许是为了促进学习竞争，或者是为了掌握不同小组的学习进度，教师都不约而同地设计了"小组播报环节"，如"雏鹰组讨论完毕""奋斗组讨论完毕"……一时间，教室内童音嘹亮，此起彼伏，热闹非凡。

课后讨论时，我们组织了一次小型研讨，主题就是小组高声播报的利与弊。大家发现，它的好处显而易见：一是促进竞争，二是增强小组凝聚力，等等。但是，事实上它也可能存在种种弊端。一个最大的问题就是，学习本来是一个安静的过程，而不同学生、不同小组的学习进程并不同步。一个小组突然播报，当然会刺激其他学生和小组的学习，很可能打断他们的学习和思考进程，甚至"逼迫"学生提前结束思考，加入高声播报的行列。从这个意义上说，这样的播报，这样的热闹，这样的撒欢，很可能就走向预设的反面，成为一次课堂走秀，一次集体的"形式狂欢"。

课堂有风险，撒欢须谨慎！形式主义的作秀和真正的好课堂之间，差着一段很微妙的距离，叫动静相宜。

思考 2　**谁规定了每个孩子只能喜欢一棵树？**

小学有一篇课文，叫《黄山奇松》，着重介绍了迎客松、陪客松、送客松这三棵黄山名树的特点，从而激发孩子观察世界、热爱自然的情感。云阳中学的 A 老师根据文本特点和自然分材教学理论，很聪明地采取小组合作学习的办法，在通读课文的基础上，布置了一个开放性的讨论题："你喜欢哪棵树？为什么？"经过一段时间的自学和组内讨论，组际交流开始了，通过每个组的介绍、汇报和补充，很自然地列出迎客松、陪客松、送客松三棵树的位置、特点和给人的启迪。同时，在讨论过程中教师还巧妙地把重点字词句的读、写、用有机结合起来，夯实知识基础。

这无疑是一节很真实的语文课，也是一节效率很高的好课。所有课堂的参与者，包括学习者、授课者和观课者，心中都充盈着一种满足的愉悦感。但在课后反思性讨论中，我们忽然发现了一个貌似抬杠的问题：每个小组都只介绍了他们喜欢的一棵树，可是谁规定了每个孩子只能喜欢一棵树呢？

事实上，这不是抬杠，而是对学生认知特点和身心特点的切实尊重。小学生对这个世界充满好奇，更有探究的欲望。不知不觉中，规定每个小组介绍他们喜欢的一棵树，很有可能禁锢孩子的想象力和探究欲。如果在"你喜欢哪棵树？为什么？"的基础上，再进一步追问"你还喜欢哪棵树？"，课堂将会呈现更加真实、热烈的深度学习氛围。最后的效果可能是：有孩子喜欢一棵树，也有孩子喜欢两棵树、三棵树，甚至各种各样的树，由此真正激发学生对自然的爱和对美好的追求，实现课堂学科核心素养的培育和有效落实。

事实上，当我们回到课文，赫然发现，文章的最后一段是这样写的（大意）：除了这三棵树，黄山还有各种各样、千姿百态的树，正是这千姿百态的树，构成了黄山千姿百态的美。

其实，课堂教学充满风险。向已有的预设追问，向深度的反思漫溯，课堂就会越来越精彩，所有参与者也会越来越幸福……

思考 3　弱水三千，该取哪一瓢？

有道是"诗无达诂"。苏东坡所谓"横看成岭侧成峰，远近高低各不同"，其实更多的是因为人们的观察对象——庐山这一客体本身变化多姿。而鲁迅先生谈《红楼梦》说，"经学家看见《易》，道学家看见淫，才子佳人看见缠绵，革命家看见排满，流言家看见宫闱秘事"，则可能是主体基于各不相同的个性及眼光所作的不同选择。

其实，一节课大概也是如此。比如，我听过很多教师上《夹竹桃》。有的教师侧重挖掘植物背后的精神，突出的是人格的对话与培养；有的侧重对不同花语的横向迁移，突出的是审美情趣的培养与升华；有的更注重文本自身的语用价值，突出的是字词句章的模拟与超越……于是，我们常常为难，特别是在评比时更可能吵成一团：到底哪节课是我们心目中的好课呢？有人从学科本位出发，提出语文课就要有语文味。有人立刻表示反对：不是说文以载道吗？挖掘课文的文化与审美价值，难道有错吗？……

我不是语文教学专家，更反对那些以专家自居，打着"××语文"旗号行走江湖、排斥异己的"教阀"作风。如果我们承认多元智能的存在，它就不只是表现在学生的学习中，同样也表现在不同教师的不同教学实践中。从这个意义上说，有人侧重于人格培养，有人侧重于审美素质，有人侧重于语知语用，都是可以理解的，教师的劳动理所当然地值得我们尊重。

但是话又说回来，所谓的教育即生活，在当下以及可预见的将来，依然要通过学科的学与整合来达成。没有学科基础的整合就成了无源之水，没有整合的学科学习就成了闭门造车。为此，一方面，我们应该允许对《夹竹桃》作个性化、多样化的解读；另一方面，当然也必须反对将语文课上成德育课、植物课、美学课。

从这个意义上说，没有一节课只有一种固定的套路、固定的方法。没有一种方法是完美的，也没有一种方法不可以更完美。我们所能做的，大概只能是：守住基础底线，发挥自身优势，整合不同方法，相向而行。我们这样做，表面上看是一种妥协，但绝不是一种折中、调和，根本还是为了满足学生的多元化发展需求。

小小一节课，其实更像一条包罗万象的江河。弱水三千，我们该取哪一瓢呢？

思考 4　不叫任何一节课虚度

在尚未完全具备个性化学习主客观条件，尤其是优质教育资源仍然捉襟见肘时，班级集体学习依然是学校办学的主流。那种动辄取消讲授教学甚或取消班主任的主张，不是不顾现实的浪漫幻想，就是别有用心的蛊惑人心，理所当然遭到一线教师的抵触。这就出现了一种悖论：一方面是台上专家"恨铁不成钢"的感叹，另一方面是台下教师"站着说话不腰疼"的反讽；一方面是大家的内心都渴望改变，另一方面是一旦回到现实，却都表现出某种不知所措，依然我行我素。在现实的课堂上，要么表现出传统课堂的顽固性，要么呈现出太多"贴标签"式的虚假公开课。凡此种种，我们不能不承认，这样的课堂完全是师生身心投入的"空洞"，是师生生命时光的虚度。如何不叫任何一节课虚度？根本的问题到底出在哪里？我想，问题还是出在教师对学生学习的发生未能切实认知、适切把握和科学驾驭上。

学生的学习到底为了什么？哲学家将其总结为两点——认识世界和改造世界，包括改造或完善自我。教育专家又对此进行深加工，把认识世界具化为"认知、理解、解释"，把改造世界和自我具化为"链接、建构、创造"。如此来说，学习必然呈现出两个过程：一是传统的输入和消化的过程，突出的是"认知、理解、解释"；二是新型的生长和创造的过程，更多的是突出"链接、建构、创新"。

固然传统的输入和消化的过程有不足之处，但是学习作为一个完整的统一体，绝不能因噎废食，完全抛弃传统学习，而盲目单一地实施创新学习。尤其是一线教师，在现实的基础与理想的追求之间，更不能指望一步登天，只能尽力做好两种学习过程的整合、嫁接与融合工作。否则，往往会"走得太远，却忘记了为什么出发"。

如何把握当下课堂学习的尺度呢？我以为可以有个"六字诀"：听、弄、记、展、用、乐。

听，即听得进：要求教师的讲授要有情境性，不断激发学生兴趣，引发其关注。

弄，即弄得懂：要求鼓励学生把握新旧知识的联系，理解其来龙去脉。

记，即记得住：要求根据记忆规律，努力将相关知识沉淀成学生基础的"库存"与原生学力。

展，即展得开：就学生的知识而言，要求努力形成结构；就学生的行为而言，要求努力形成习惯；就学生的人格而言，要求努力促进修养。

用，即用得上：就学生的短期发展而言，要求适应各种练习和考试；就学生的长远发展而言，要求有利于真正走向生活，创造生活。

乐，即乐得了：这可以说是最起码的学习本质之一。学习本来很苦，但教师的作用莫过于让学生发现苦中有乐，最好能苦中作乐，并让其成为学生一生的信条和素养。

也许这朴实的口诀不是什么新东西，而是基于学生真实学习的一种兼顾与通融。说到底，建设好课堂必须改革，但绝不能为改革而改革。尤其是在学生学习上，绝不是一种理论战胜另一种理论、一种模式代替另一种模式。在不同的理论与模式之间，在理想与现实之间，我们所能做的只能是相向而行，相互妥协。

唯其如此，或许才能真正做到不叫任何一节课虚度……

思考 5　口若悬河与惜词如金
——课堂多讲、少讲的临界点到底在哪里

传统课堂一直被诟病的一个问题就是，教师讲得太多。因此，在时下流行的素质教育的课堂样本里，很多人主张教师"少讲"，有的学校更是发展到主张"不讲"。

但是认知学习是一个"领进门，再修行"的过程，真的让教师在课堂上讲得太少，甚至不讲，恐怕还不行。英国夏山学校以自由、自治、自主学习为特征，曾得到其校长尼尔亲授的学生伊丽莎白，后来也长期从事教育工作，她指出："我觉得尼尔的观点是对的，如果让孩子自由发展，当他想学的时候，他会学得非常好……但对于一般的孩子，也不必彻底放任……如果教师确实优秀，孩子会喜欢听他的课。事实上，我并没有十足的信心说授课不是最好的教学方式。"

那么，对一线教师而言，讲与不讲、多讲与少讲的临界点，在哪呢？

一是看为谁讲。"90后"市场营销网红"李叫兽"，对公司文案作过分类，一类是词藻华丽的自嗨的X型，另一类是打动人心、引人入胜的Y型，并指出：有些人写文章是为了感动自己，而优秀的文案是为了感动用户。如果以此类推，不难发现，一些公开课上教师滔滔不绝，实际上是浪费学生思考与习得的时间，将课堂变成了个人的秀场，这样的多讲必须坚决杜绝。另外一些经验丰富的教师，在遇到学习瓶颈、拓展契机等课堂突发情况时，往往宁可牺牲课堂进度，也要把问题讲透，把方法讲够。这样的"多讲"，本质上是为了教师的"客户"——学生。

二是看讲什么问题。就一般经验来讲，课堂学习的问题可分为简单问题、深层次或拓展性问题。显而易见，简单问题就应该鼓励学生发现，教师少讲或不讲；深层次或拓展性问题，教师就应该适度多加引申，否则学生的自主学习就会吃"夹生饭"，所谓的高效学习，反而会欲速则不达。比如，学习小学语文课文《夹竹桃》，对于夹竹桃自身的品格，学生是基本能够通过自主阅读发现的，属于简单问题。但人从夹竹桃的这种品格中学习什么，作者由表及里的表达方式对我们说话、写文章的启迪是什么，以及由夹竹桃推广开来拓展联想，不同的花到底有什么样的"花语"，都需要教师在问题和思维的起承转合中，于关键处通过讲解加以推动。

三是看怎么讲。学习是一个观察、印证、模仿、习得、创生的过程。从技术上讲，学习的工具无非有两种：一种是推理性的，即逻辑性工具；另一种是实验性的，即操作性工具。对于前者，必须讲清关系及流程；对于后者，则更多的是让学生去观察、探究、收获。

当年，哈姆雷特曾经大声诘问：生存还是毁灭，这是一个问题。今天，在小小的课堂上，我们是不是也要严肃地问一句：多讲还是少讲，这是一个问题！

思考 6 可否让学生再做一遍？

一节三年级的数学课上，教师请两位学生上黑板计算，一位学生答对了，另一位学生答错了。这位教师表扬了答对了的学生，请他回座位，留下那位答错了的学生，亲切地说："不着急，我们请别的同学帮忙找找原因。"然后，鼓励其他学生发言。两个轮次之后，其他学生将问题讲清楚了。这时教师又亲切地对那个答错了的学生说："现在，你明白了吗？"在得到学生的肯定回答后，教师请他归位，课堂教学活动继续进行……

学生答题出错，是课堂教学中的常见现象。难能可贵的是，这位教师表现出对特定学生的真诚尊重和对全体学生学习兴趣的激发，展现出一个优秀教师应有的样子。但是课后我们私下交流时，我弱弱地问了一句："我们可否让学生再做一遍？"

让答错的学生再做一遍，几乎不浪费课堂有效教学时间，却可以帮助他实现学做一体，知行合一，增强学生的耐挫力和自信心。

没有教师不想上出一节好课。真正的好课，未必需要多么花哨的架子，对于特定的教师而言，所谓优秀并不一定总是得第一，而是能够做到把一节课上好，上得更好。

从这个意义上说，所谓好课，不过是让那些做错了题目的学生再做一遍……

思考 7　合作学习会助长学生开小差吗?

在一些学校和教师看来，合作学习有一点"看上去很美"，因为理想很丰满，现实很骨感。其中，一个重要的顾虑就是，合作学习让学生自由交流讨论，会助长他们开小差，影响学习效率。

这确实是一个不容回避的问题。任何一项改革，如果不能取得教师的认同，再完美的设计也会落空。为此，在和学校及其他教师交流时，我们提出两方面的问题。

一是假如不采取合作学习方式，学生会开小差吗？通过讨论发现，答案是肯定的。开小差本质上并不完全与学生的非智力因素有关，而是跟青少年学生的认知规律和特点有关，尤其与学生注意的持续性有关。所以，问题便转化为，不是合作学习本身带来学生的开小差，而是任何学习都要关注学生的开小差。

二是决定学生开不开小差的关键，在于学习情境的营造、学习兴趣的激发和问题意识的推动。也就是说，关键在于教师，而不在于某一学习模式。推行合作学习，归根到底，是为了提高学习效益。

当然，既然学生的学习客观上总伴随着他的开小差，那么，在推行合作学习过程中，更要关注课堂全过程，关注学生学习细节。

从来没有完美的课堂教学模式，只有不断走向完美的教师！

思考 8　疏忽的岂止是概念

一次省级高中政治教师"特后"培训期间，三位来自不同地区的教师同课异构，课题为"树立正确的就业观：四种观念"。有的教师结合网络热点新闻，边评边议总结四种观念；有的教师创设模拟情境让学生体验四种观念……应该说，课堂上各有千秋，气氛热烈。但课后讨论时，我们提出一个问题：劳动者的四种就业观念从何而来，其内在逻辑是什么？

回到文本，我们继续追问劳动者的概念，课文明示：社会生产的主体，社会财富的创造者。在授课过程中，所有教师都提到了这一概念，却因其直白、简明而忽视了讲解，迅速进入下一环节。

这样的概念能否一带而过呢？我们继续追问：作为社会生产的"主体"，与四种观念究竟是一种怎样的关系？因为是主体，所以必须平等；因为是主体，当然必须自主；同样，因为是主体，自然应该竞争与多元……

如此一来，这一被忽视的概念，竟然成了理解四种观念的锁钥。

离开知识的内在逻辑，专注知识点的"热闹"，难免"只见树木，不见森林"！

基本概念被忽视的背后，是对课堂建设思维的重新考量……

思考 9　话说提问"偏心"

班级授课制背景下，要体现学生主体作用和师生互动，难免需要提问。但在现实的课堂实践中，我们常常发现存在教师提问的"偏心"现象，即有的教师常常自觉不自觉地选择少数几个学生不停地提问，往往忽略了其他学生，尽管一些学生的手屡次举起，又屡次放下……尤其是在公开课上，这种现象更加普遍。我就曾观察到一节语文公开课上，一位坐在中间的学生连续被提问了11次，而整个第四组的10位学生，没有一人被提问。

表面上看，这好像是教师公平理念落实不到位的问题，是一个如何让爱变现的问题。但是，且慢给这些教师带上这样的帽子。随着教师教育特别是教师专业化建设的不断深入，教育公平、师德之爱的理念日益深入人心。作出现在的教师心中缺少爱这根弦这样的判断，对他们是不公平的，起码是不客观的。

但是提问"偏心"现象又是客观存在的。既然不能仅仅从师德的角度去找答案，那只能从课堂技术方面，特别是教师的惯性思维方面去找原因。第一，跟教师上课的心理惯性有关。每节课的时间是有限的，课堂容量也是预设好的。因此，不知不觉中，教师就慢慢养成一种"成本惯性"，就是所有的课堂活动必须服从目标达成和时间成本。这当然没有错，但是过度强调成本乃至形成"惯性"，就会走向事情的反面，使人成为时间的奴隶。第二，跟教师的课堂"视野惯性"有关。教师站在课堂上，有时就像一名驾驶员，也存在视觉盲区。在他视线范围内的，就容易被关注，反之，就沦为盲区中的视若无睹。

导致教师提问"偏心"的原因很多，不要轻易给教师特别是青年教师下一个"师德水平不高""专业技能不熟"的武断结论。

课堂永远是充满遗憾的艺术。所以，我们要从改变惯性做起，或许课堂会逐渐离完美更近一些……

既然从技术上说"偏心"的提问与教师的"成本惯性"和"视野惯性"有关，那么，对症下药、靠船下篙便成为顺理成章的选择。

相对而言，改变视野盲区，可能与人与生俱来的身心特点有关。为此，必须通过平时有意识甚至是刻意的训练，养成关注"每一个学生"的习惯。近年来，我们在青年教师成长接力团的培训工作过程中，就有意识地实施两项训练。一是注意力训练，帮助年轻教师通过扫视、注视、跃视等专门活动，逐步达成心眼合一，养成"眼观六路，耳听八方"的习惯。二是提问比例训练，要求教师备课时根据学情、生情，预设基本的提问数量，按照班级人数 1/3 至 3/5 的人次比例设置相应提问，逐步改变提问覆盖面过窄的问题。

如果说视野盲区问题可以通过刻意的训练逐步解决，改变成本惯性则要困难得多，必须通过深度的变革。一是进一步转变观念，真正让学生的主体地位在教师心目中扎根。二是进一步走出偏重知识甚至偏重答案的课堂教学目标，着力揭示知识和答案背后的思维、逻辑、兴趣、情感，从而鼓励每个学生自主生成问题，探究问题，回应问题。三是进一步克服为提问而提问的"道具心理"，真正让每一次貌似漫不经心其实别具深意的提问，成为助推课堂学习和生命成长的加油站。

改变惯性很难，但每一次对诸如"偏心提问"之类教学惯性的改变，都是向我们心目中的好课堂更近了一步。

之所以出现"偏心提问"，除了与成本惯性、视野盲区等技术性问题有关，恐怕与我们潜意识中的"责任异化"也不无关系。但凡教师，总是有教书与育人的担当，而课堂提问某种程度上是教师责任心的体现。只是问题是，我们到底为了什么，为了谁而提问？是为了答案而提问，还是为了人而提问？

如果只是为了答案而提问，实际上就会陷入一种只见答案不见人的境地，只关注如何保证答案能按照课堂预设的要求来呈现，至于到底由谁来回答提问并不重要，甚至哪怕只有一个人来回答。这样，本来应该体现互动、推动课堂进程的提问，势必沦为教师表演的道具。少数人机会的获得实际上是以多数人机会的失去为代价和前提的。由此，一个悖论自然产生：教师因自身的责任和爱而提问，但"偏心提问"则体现了责任的异化和爱的落空。

如果我们主要不是为了答案而是为了人而提问，那么在教师心目中，就不只有预设的课堂进程，更有了一个个性格各有差异、习惯各有不同、学习表现各有特点的鲜活生命。提问在根本上是为了学生生长。有时我们会为鼓励一个学生的进步而提问，有时会为鞭策一个学生的出发而提问，有时会为爱表现的学生提供机会，有时又会为不爱表现的学生创造机会……只有这样，教师的责任才会落实，对学生的爱才会扎根……

走出"责任异化""偏心提问"，让我们的爱转变为每一个生命可知可见的拔节、生长……

改变提问"偏心"的惯性，既靠日积月累的技术训练，更靠技术背后基于不同学生需求的精准施策。还是那句话，必须加快从为了答案而提问向为了具体的人而提问的转变。

一是依据问题去"找人"。首先，根据课堂整体架构设计问题并进行问题分类。比如，知识性问题，思维性问题，探究性问题，开放性问题，趣味性问题……建构起课堂"问题库"；其次，根据学生的学习现状、特点，看看什么问题适合什么样的学生，确保提问的精准性、针对性和实效性。

二是根据具体人的需求去提问。学生的学情不同，决定了提问的内容、层次、方式肯定不尽相同。有的需要通过提问去激励，有的需要通过提问去点拨，有的需要通过提问去适度"刺激"，有的则需要通过提问去作示范引领……这样一来，提问的设计和实施过程，就逐步转变为满足不同学生需要的过程，"为了每一个学生"的理想就会逐步落地生根。

三是进一步激发师生互动，变教师单向提问为师生、生生相互提问。这不仅会带来课堂提问方式和成效的改变，更会带来整个课堂生态的变革。

不管是根据问题去"找人"，还是根据人的需求去提问，抑或是改变课堂生态让学生问，归根到底，都是为了更好地落实教师的责任，让教师的爱更精准……只有精准落实到每个学生身上的爱，才是真正能变现的爱！

思考 10　表扬之后怎么办？

曾经听过一节小学数学课，讲的是乘法变化规律。教学目标之一是，明确因数扩大多少倍，积就扩大多少倍。学习过程中，教师通过引导发现、观察探究、小组交流、变式训练等多种形式，逐步让学生认清规律，体验发现。在反馈交流环节，几乎所有学生都得出相同的结论，说明课堂教学比较顺利，有效地达成了目标。但学生毕竟是多样的，有两个学生的发言还是引起大家的关注。其中一个说他发现积扩大多少倍，因数也扩大多少倍；另一个说他发现因数减少多少倍，积也就减少多少倍。其实，这两个答案和课堂教学目标具有内在的一致性。所以，教师先是征求了大家的意见，问大家他们的发言有没有道理，在得到肯定的答复之后，表扬了这两个学生。

应该说，这是一节比较成功的常规课。特别是对答案不同的学生的表扬，更体现了教师扎实的教学基本功和对课堂突发问题的驾驭能力。但是在课后研讨过程中，我们共同提出一个问题，学生需要表扬，但更重要的是表扬之后怎么办。如果能针对两个学生的答案，进一步引导学生探究这两个答案和课堂教学目标的异同，或许会感受到平常学习过程中的发现之美、创新之美。只有这样，对学生的表扬才更具针对性。

教师不仅要善于表扬，更要善于挖掘表扬之后怎么办。这或许正是让我们的课堂变得更好的"法宝"之一吧。

思考 11 当学生比教师走得更快……

镇江实小的史老师在 QQ 空间里分享了一个颇耐人寻味的课堂故事：

这是一节小学品德课。教师出示印度恒河沐浴造成踩踏伤亡事故的图片，分析其给环境及人身安全带来的危害，然后提出问题：要不要取消"恒河沐浴"这一仪式？教师预设课堂形成两种观点：取缔和坚持，然后通过学生讨论，得出"应该尊重和包容民族传统风俗"的结论。但是，在具体课堂实践中，学生的表现超出教师的预期，原来设想的两种观点的争论并未出现，一连问了好几个学生，大家一边倒地指出"必须坚持"。有的学生还指出，踩踏事故和环境污染的责任不在仪式本身，而在管理不到位。

对此，史老师评论道："教师精心预设的课堂高潮，就这样被学生的活跃思维四两拨千斤地化解了。"

这是一次典型的课堂生成，更是一个典型的学生走到教师前面的鲜活案例。在当前学生主体自觉越来越强烈、自主表达越来越个性的背景下，这样的案例并不新鲜，只会越来越多。问题是，对于生成超越了预设、学生走得比教师快的事实，到底应该怎么办？经过讨论，我们认为：

首先，教师应该及时"跟上去"。既然学生普遍选择了"坚持"的结论，教师就不必再一味拘泥于课前的精心预设，而应该及时调整课堂进程，推动对"坚持下去"理由的更深入讨论。比如，"恒河沐浴"不只是民族风俗的问题，还涉及宗教问题、特定文化的传承问题，等等。虽然对小学生而言，这样的问题可能比较深，但只要教师处理得当，还是可以起到拓展学生思维的作用的。更何况当今小学生，其见识的广度和思考的深度常常会出乎我们的意料。

其次，教师还可以适当"返回去"。虽然学生一边倒地选择了"坚持"，但事物的复杂性往往在于，一边倒的答案背后，也存在辩证分析的现实必要。何况对于一个明显存在问题的传统仪式，主张取消也在情理之中。不全面了解那些主张"取消"的理由，也许就很难真正深刻理解选择"坚持"的原因。从这一点上说，教师的课前预设并非没有意义，只是需要调整，即在一边倒的情境下，让学生学会关注、倾听另一种声音。比如，在本节课中，在肯定学生自主分析问题的基础上，及时"跟上去"，并稍稍调控一下课堂节奏，轻轻地提出一个问题：咦，怎么都没有反对意见？……说到底，适当"返回去"，培养辩证思维，并不在于得出或坚持某一具体的答案，而是拓展学生更宽阔的视野，培养学生更严谨的生活习惯。

再次，教师可以进一步"跳出去"。德育课的落脚点和归宿点都在人，而人格的塑造和观念的培养，绝不能仅仅停留在对特定的"恒河沐浴"仪式的就事论事上。既然学生提出相关安全和污染问题应当归结于管理的不到位，教师就可以因势利导，组织学生讨论如何优化管理，并由此及彼，由印度到中国，由恒河到长江，深入探讨如何改善我们身边的环境。这样的"跳出去"，其实是更真切地回到德育课的本质。至于其对开阔学生胸襟，促进学生学科学习，是完全可以期许的。

最后，教师有必要深入"沉下去"。课堂生成超越预设，学生走到教师前面，虽然越来越常见，但说穿了恐怕还在于我们对学情、课情的掌握不够，对课堂偶发事件的驾驭不够。因此，这是一个教师专业修为、专业技能如何提升的问题。教师应该由此深入反思自身的专业发展，真正沉到专业发展的实践中去。以"沉下去"的真诚与行动，推动"跟上去""返回去""跳出去"的实践不断向前。

从来没有完美的课堂。当学生走得比教师快，走到教师前面时，教师不要紧张，也不要慌忙，努力做到既"跟上去"又"返回去"，既"跳出去"又"沉下去"。这样我们的课堂将进一步走向完美，教师的教学艺术也必将得到升华。

当然，具体到特定的一节课，课堂容量有限，教学目标受限，如何真正做到"跟上去"又"返回去"，"跳出去"又"沉下去"，就是一个"得失寸心知"的事情了……

思考 12 聚焦"课堂革命"之一：什么样的"革命"

教育部部长陈宝生关于"课堂革命"的论述，在全社会引起较大反响，更在基层学校和教育工作者中引发热烈的讨论。的确，站在全国教育顶层设计的高度，在当下颇为浮躁、多变的教育环境中，以部长的身份聚焦课堂，倡导"革命"，既体现对教育常识的尊重，对教育本性的回归，也体现对时代脉搏的把握，对教育改革的呼唤。其方向引领意义、实践指导意义，无论如何也不可低估。

但是"知易行难"还是"知难行易"，不仅是中国文化一直争论不休的问题，也是实践操作中屡见不鲜的问题。提出"课堂革命"已属不易，科学实施"课堂革命"更加不易。毕竟，相比其他行业，教育是最经不起折腾，也是最不能折腾的。

有几个问题恐怕先要弄明白，要让天天陪伴学生、操心考试、支撑课堂，同时又无奈地应付各种检查评比的校长、教师明白：什么是革命？到底革谁的"命"？课堂教学是一个自然演进的历史进程，基层最担心、最反感的是那些传统的东西还没研究透、新的东西还未学透之下的拍脑袋决策、扮时髦作秀，其结果必然是"倒洗澡水，连孩子一同倒掉"。

谁来革命？如何评价革命？当下教育界的一个最大问题，恐怕是一旦有什么风吹草动，一定会站出一批引领潮流、指点江山的专家。当然，时势造英雄无可厚非，任何时候基层都期盼、欢迎真专家的指导和引领，但令人尴尬甚至害怕的是，在专家热闹忙乎的同时，最广大的一线教师成为"沉默的大多数"。如果再遇上一位居高临下、热衷发号施令的局长、校长，教师就更会沦为机械的执行者，冷淡的旁观者，评价"课堂革命"成败也许就会转变为"少数人的狂欢"。用朱自清的话来说："热闹是他们的，我什么都没有。"这样的教训，在当下转型的时代，其实是时时发生的……

如果说上面几个问题还存在理论的探讨、哲学的思辨和实践的探索，那么下面几个问题应该是显而易见的：

一是课堂革命不会从今天开始，更不会因今天告捷。说到底，课堂因时代而革命，因人的需求而变化。如果确信"人间正道是沧桑"，就必须承认，课堂革命是一个不断行进的旅程，它只有进行时，没有完成时。

二是课堂革命既是有形的，又是无形的。从一定意义上说，改革课堂装备，改革组织形式，乃至改革教学方式、课程结构，都属于课堂革命的重要组成部分。这已属不易，但更为根本的革命，恐怕功夫还在课外，应该是人的思想、理念、精神的革命，用华东师范大学李政涛教授的话说，是"灵魂"的沉淀与升华。这无形的灵魂的革命，将是更深刻、更根本、更长久，也须更谨慎、更科学、更有序的革命。革命远未成功，同志更须努力。

三是课堂革命不排斥急风暴雨，更需要潜移默化。既然是课堂革命，那么对于那些确实陈腐的理念、机械甚至不人道的方法，就必须像做外科手术一样，针对病灶坚决"切一刀"。必须清醒的是，课堂从来不是作为一个纯粹"45分钟时空"的单一体而存在，它关联的是整个教育乃至整个社会的有机体，贯通的是由过去、现在、将来串联起来的人类历史。实践已无数次证明，绚烂之后归于平淡，应该是人类社会发展的一个基本常识，一条基本规律。任何真正的、持续的、深刻的革命，无不是在潜移默化中完成的。特别是对教育而言，"随风潜入夜，润物细无声"，既是教书育人的真谛所在，又应该是课堂革命的"新常态"。

时代在变化，教育在转型，课堂要革命。但是，指望部长的一次讲话而带来课堂乃至教育"改天换地"的"毕其功于一役"，恐怕还是满怀善意的想象。从社会心理学的角度说，这恐怕还有点中国传统文化中期望"好官"的"真诚乌托邦"心理在发酵。至于是否有人借此发现"商机"，增强存在感，就不是这里要研究的了。

记住伏尔泰的话："尊敬那些真理的追求者，警惕那些真理的拥有者。"

思考 13 聚焦"课堂革命"之二：诀别还是离别

讨论"课堂革命"，或许首先应该确立一个大前提，形成一个基本共识，即为了什么而"革命"。没有目的的革命，只能是为了革命而革命，出发点再真诚，最终也逃不过作秀的嫌疑、折腾的本相。没有基本共识的革命，终不过是鸡同鸭讲，各吹各调，表面上看百家争鸣，实质上一团乱麻，更给一线教师带来迷茫，给基层教育带来破坏。

"课堂革命"到底是为了什么呢？一个比较时髦也比较保险的说法，是为了学生整体、全面地成长。但是，目前这样一种貌似保险的说法正在遭受一线教师越来越强烈的质疑。促进儿童整体、全面成长，早已成为大多数教师的基本追求和自觉行动。问题在于，对学校和教师而言，儿童的整体、全面成长，究竟是在哪里和怎样实现的？答案不言而喻，主要是在课堂，通过知识的学习与体验、记忆与沉淀、迁移与应用实现的。为此，所谓的"课堂革命"，总的来说，或者更直接地说，恐怕是为了让学习更自然、更有效地发生。

于是，"课堂革命"的话题似乎又可转化为"促进学习发生的革命"。所有的革命都意味着某种性质、某些内容的摒弃与吸纳、批判与吸收。用一个形象的比喻来说，每一次革命都是一次"告别"。

那么，新的问题又来了。作为"课堂革命"的告别，究竟是从此永不相见的"诀别"，还是承前启后的"离别"呢？一时还真难说得清。

从一定意义上说，如果一所学校、一位教师时至今日还没有形成服务学生、为学而教的理念，依然还停留在"满堂灌""一言堂"的境地，毫无疑问，这样的课堂理念和教学方式必须坚决摒弃，这样的学校和教师必须向昨天作坚定的"诀别"。但是时至今日，距20世纪90年代中期首提素质教育已 20 多年，距 21 世纪初启动以三维目标为核心的第八轮课程改革业已过去十几年。经过几代人的不懈努力，我们不敢说实践中已经完全没有"满堂灌""一言堂"，即使有，恐怕业已绝非主流。所以，"课堂革命"所要真正"诀别"的应该不是那种"死不改悔"、容易发现的"满堂灌""一言堂"，而是那些挂着自主学习、全面发展"羊头"，实则仍卖着"满堂灌""一言堂""狗肉"的假大空、形式化、贴标签的所谓课堂新模型、新范式。这样的东西，经一些包装过的"公开课大师"的现身说法，以及一些引一时风潮的"专家"口吐莲花，其隐蔽性、蛊惑性和破坏性更大，蒙蔽了一些真诚善良的教育行政部门领导、急于改变学校面貌的校长和急于望子成龙的家长，理所当然遭到一线教师的抵制与唾弃。因此，这是当下倡导"课堂革命"必先彻底摒弃与"诀别"的。

　　换一个角度看革命。革命洪流滚滚向前，但事实上，任何革命都难以做到与过去完全、彻底的"诀别"。因为相比包罗一切、不可割断的历史，所有的革命，至少在特定的阶段总是局部的、片段的否定。对于那种认为一次革命解决所有问题的幻想，列宁曾经下了一个精当的定义，叫"左派幼稚病"。具体到课堂，即使对过去以讲为主的课堂，也不该"全盘否定"，更不宜硬性规定一节课教师只能讲 5 分钟还是 8 分钟。要求只要班集体还存在，只要人工智能还未能完全取代教师教学，讲就是对教师的最起码的要求。以前没有平板电脑、电子白板、虚拟穿戴，甚至没有投影仪、录音机，我们的教师硬是靠着一支粉笔、一张嘴，讲出天文地理，讲出古今中外，讲出道德文章，也培养出一代又一代的优秀人才。讲授中有教师对点滴知识的准确把握，有对结构逻辑的自由驾驭，有对人生境界的美学追求，也有对学生个性的精准理解和对自身个性的精彩演绎。试问，这样的传统，这样的"旧"方法，岂是我们一句"革命"所能摒弃和"诀别"的吗？平心而论，观察当下的课堂，很多教师不是"讲得太多"，而是确实"不会讲"，这就逼着我们不是要急着"诀别"、急着"革命"，而是老老实实地"回去"。

　　话又说回来，既然是革命，就是站在传统的基础上，面对现实问题，实现从理念到实践的超越。比如，如何真正促进学生自主学习，如何真正实现从知识课堂向生活课堂、生涯课堂的转型，如何顺应人工智能时代的特点，让基础性的课堂链接上科技创新的"端口"，等等。这都需要学校和教师确立新的理念，学习新的技术，展开新的探索，呈现新的作为。也可以说，真正的"课堂革命"，其实既是瞻前又是顾后的，既是离开又是归来的。正如一首老歌所唱的：今日去，原为春来归。课堂革命从来不是断线的风筝，而是骨肉相连、根繁叶茂的生长。它不是单纯的摒弃、"诀别"，而是适度的扬弃、离别，是哲学层面否定之否定在课堂层面的鲜活体现。

小小课堂，关联教育大局和人生行旅。课堂革命既是某种毅然决然的"诀别"，更是一种离去、回归共存的"离别"。这是"课堂革命"的本性所在，也是我们期待革命胜利的信心所在。

思考 14 聚焦"课堂革命"之三:"派系林立"的革命

毛泽东在《论持久战》中指出,既不要做速胜论的盲动派,也不要做速亡论的投降派,而必须做持久战的真正的信心派、建设派。

用毛泽东思想分析当下课堂革命的各种观点、各种代表,如果写一篇《课堂革命考察报告》或者《课堂革命中各派别的分析》,想来一定饶有趣味。

一是身先士卒的先锋派。对传统课堂爱之深、恨之切,更对促进儿童全面发展、教育即生活、信息时代新教育等各种理论充满向往。见风是风,见雨是雨,为了打破传统课堂旧世界,说干就干,摧枯拉朽。"虽千万人吾往矣"的勇气令人敬佩,开风气之先的精神令人羡慕。但也难免挂一漏万,甚至否定一切,占山为王,结果往往走得太远,却忘记了自己为什么出发。扪心自问,以己度人,我个人对这样的先锋派还是心向往之,引为同道。

二是首鼠两端的骑墙派。心中虽有课堂革命之志,却因种种顾虑或囿于种种条件犹豫不决,不肯行动。其中,表现为两种形态:其一是只喊口号,不行动;其二是乐做评论家,谈笑鸿儒,指点江山,自认为真理在手。扪心自问,以己度人,我写这样的聚焦课堂革命的文章,是不是也有一点儿干打雷不下雨的骑墙之态?

三是死不改悔的顽固派。因为课堂革命远未成熟,甚至有可能失败,特别是自己早已熟悉了传统的那一套,总是善于以种种论调反讽课堂革命,将顽固进行到底。目前,教育界这样的人不在少数。扪心自问,以己度人,我对课堂知识教学和重视教学目标的呼吁,实在难以摆脱顽固派的影子。

四是多边下注的投机派。与先锋派、骑墙派、顽固派有所不同,他们之所以推动课堂革命,更多的是为了利益。用冯小刚电影中的台词说,就是他们从来"只选贵的,不选对的"。这表现为两种现象:其一是会哭的孩子有奶吃，打着"课堂革命"的旗号，捞取少数人的实惠；其二是长袖善舞的"整容家"，习惯于"旧瓶装新酒"，贴革命标签，甚至有人摇身一变，成为课堂革命的"伪专家"。扪心自问，以己度人，自己平时也以"课堂革命"之名拿了人家学校的一些讲课费，但实践成效是否对得起那些劳动所得，还真不敢拍着胸脯打包票。

五是信奉点滴改进的建设派。痛感于中国教育设计师太多，建设者太少，不满足于"理想丰满，现实骨感"的慨叹；既学习先锋派的勇气，又保持骑墙派的清醒，甚至还有顽固派的坚守，相信课堂革命从来不是齐步走，而是要走起来，一点一滴推动课改进程。扪心自问，以己度人，这几年自己之所以沉到乡村、江边学校，呼吁"好课堂只在一念间"，提倡"让爱变现"，恐怕就是基于这样的认识。华东师范大学李政涛教授指出，中国教育要守护本性，回到苏霍姆林斯基，受此启发，我以为最需要先回到的原点应是终身坚持"做中学，学中做"的陶行知先生。小平同志不是说过吗？——"不干，半点马克思主义也没有。"

先锋派，骑墙派，顽固派，投机派，建设派……构成"课堂革命"的丰富现实。可以说，课堂革命绝对是一场持久战，对真正的课堂革命者来说，不管派系如何林立，都要不忘初心，努力向前，将革命进行到底。

思考

15 聚焦"课堂革命"之四：跟着志愿者学"革命"

"课堂革命"的基础性、广泛性，决定了真正的课堂革命绝不是少数人的"精英式"革命，只能寄望于"唤起工农千百万，同心干"。但是，"课堂革命"的深刻性、复杂性，又决定了真正的课堂革命不能指望同步推进、限时完结，只能是"摸着石头过河"，有时甚至只能是"烂泥萝卜，揩一段吃一段"。

这就出现一个悖论：一方面，没有全体校长、一线教师的积极、主动、广泛参与，任何课堂革命不过是少数人的孤芳自赏；另一方面，限于校长、教师现实的"革命"态度、"革命"能力，没有少数人的带头示范，没有专业人员的指导跟进，任何课堂革命终将是不彻底的革命。事实上，现实中，确实存在一些人有强烈的"革命意识"，却少有"革命行动"，而另一些人表面上虽有"革命行动"，却根本上是敷衍的态度。至于"革命的技术""革命的方式方法"，则又是一个必须引起重视的问题。

因此，如果用"奥卡姆剃刀"原则对"课堂革命"进行尽可能的简化，必须先回答的问题或许就是，广大的一线校长和教师到底想不想以及会不会"革命"。

对于这一问题，上至教育部，下到各级教育行政部门，都出台了不少指导意见，很多专家也出了不少主意，支了不少新招。但坦率地说，要么"橘生淮南"难以推广，要么自说自话，"叫花子的米，自己最有数"。在此情况下，我们的眼光能否跳出学校，甚或跳出教育，去看看别人是怎么干的？

教育是最基本的民生，也可以说是最不应该营利的公益。仅就公益的目的性、实效性而言，与教育最相近的部门，当属各种公益性、非营利性社会机构，特别是各种社会关爱性志愿者组织。学校是通过知识的讲授与人格的塑造传递着人类最基本的爱,各种公益组织是通过具体任务、目标的达成传递着人类最直接的爱。如果说公办学校是爱的公益传递的"正规军",那么从某种意义上说,各种志愿者组织就是爱的公益传递的"游击队"。在"课堂革命"的问题上,特别是在促进校长、教师"想革命""会革命"的问题上,我们可以向志愿者学些什么?

一是激励人心的使命感。观察、研究当前社会各种公益组织的志愿者,普遍有热情,有不怕苦的精神。特别是随着社会开放度的日益加大,一些普通教师也加入各种志愿者组织。我们会发现,这些教师或许在学校很年轻、很普通,可是在志愿活动中却更有热情和奉献精神。这是为什么呢?德鲁克访谈过那些来自不同行业、具有不同背景的志愿者,得到了几乎一致的答案:在现有的工作岗位上,我看不到太大的挑战,得不到什么成就感,没有足够的责任;更重要的是,在现在的工作中感受不到使命的召唤,有的只是利害权衡。既然远大的使命能够唤醒以往普通甚至平庸的人投入志愿服务,我们何不让教师在看似平常乃至烦琐的"课堂革命"中看到"使命必达"的光芒?当前,国内迅速成长的教育公益组织"真爱梦想",正是以培养自信、从容、有尊严的中国人为使命,凝聚了一批又一批的人。

二是更具体、可实现的目标与任务。任何革命从来都不是一蹴而就的。美国南北战争期间林肯总统签署了《解放黑奴宣言》,可是直到20世纪60年代,马丁·路德·金依然在呼吁"我有一个梦想",时至今日,美国的种族问题依然时常牵动社会的神经。但是,从解放奴隶到黑人拥有选举权,美国的种族问题正在不断地得到解决。再看各类社会公益组织,从关注艾滋病到母亲水窖,从红十字救助到留守儿童之家,其目标或任务无一不是更具体、可把握、可操作的。与此相对应,教育公益组织"真爱梦想"为培养自信、从容、有尊严的中国人,没有提出多么宏大的构想,而是开发了边远落后地区学生普遍缺乏又极受欢迎的"去远方""理财"等课程,通过这些具体课程的落实,不断接近组织的终极使命。这样看来,泰山不让细壤,意义宏大的"课堂革命",必须从教师和校长可把控、可操作的具体任务做起。只有这样,革命才会有真正的"根据地"。

三是更专业的管理。由于一般的社会公益组织都是由有实力的爱心人士和组织投资、筹款创办的,所以其日常管理应由这些骨干来运行。而且,人们普遍认为,由于志愿者不领取薪水,他们能来做事就很不错了,因此很难严格要求他们。可是早在20世纪80年代,德鲁克就指出,"事实上,志愿者的性质正从一个乐于行善的业余工作者,逐渐转变为一个受过良好训练、具备专业知识的不支薪的专业人员"。事实上,美国红十字会,早在1950年就聘请了专职经理人。"真爱梦想"教育基金也早在数年前就接受华东师范大学课程研究所的专业指导,并与各基层教科研部门展开多层次合作,最终成为当前成长最快、最专业的教育公益组织。从这个意义上说,要真正开展"课堂革命",没有专业的指导,没有专门的培训,所有的革命终将"竹篮打水一场空"。

总的来说,真正的"课堂革命"是"群众的革命",必须唤醒教师的使命感与工作激情;又是"有序的革命",必须提出具体的、可实现的目标与任务;更是"专业的革命",必须付出更多的科学理性与专业精神。或许这就是越来越多活跃在各种公益组织中的志愿者,为我们上的有关"课堂革命"、有关校长和教师"想革命""会革命"的最好的一课。

第二辑　如何"让爱变现"

思考 16 王健林给我们什么启迪？

2017年的夏天太过炎热，以致我们几乎都失去了关注大事小情的兴趣。但是围绕王健林的几件事，还是吸引了我们的眼球：先是贱卖万达广场，后是脱身房地产。对此，万达官方给出的解释是"轻资产"。但万能的网友不依不饶，甚至有人怀疑王健林摊上了大事，准备跑路。不管是轻资产还是准备跑路，局外人无从知道其中真相。但有一点毋庸置疑。这就是：王健林需要钱，比我们还需要钱。于是，他急着要做的就是——变现。

变现，经济学的解释是，将非现金的资源、证券转变成真金白银。其实，教育教学实践中，也存在变现的问题，如我们特别强调的教师对学生的爱。

教育的真谛在于爱。对广大教师来说，这几乎就是一个常识。我相信，这句话不仅存在于教师的开学计划、论文课题中，也一定存在于教师的脑海中。问题在于，为什么学生常常感受不到教师的爱，有时甚至事与愿违？或许有一种可能，就是我们的爱还缺少变现的能力，即转变成学生可感知、可接受、有变化的具体收获的能力。

比如，我们上小学时，教师常常要求每个学生把手背在后面听课，认为这能培养好习惯，加强纪律性。后来，有人质疑这是不是扼杀了学生的天性，抑制了学生的个性。近年来，随着小组合作学习的不断推行，从当初所有学生正襟危坐又转变为五六个学生围桌而坐，目的是方便讨论交流。但是有一个问题必须引起我们重视。在当下的小组合作学习的座位排列方式中，常常有几个学生面向黑板而坐，也一定有几个学生侧向而坐，长此以往，对正在长身体的学生真的好吗？推行新的学习模式，本质上是对学生深沉的爱，可是这样的爱，如果以损害学生健康为代价，我们真的需要吗？真的不需要改进吗？

爱从来不需要轰轰烈烈的口号，只需要点点滴滴尊重科学的行动。王健林或许想不到，他的轻资产变现行为给我们做教育、带学生的人，也带来一个正能量的启迪：让爱变现！

思考 17　留一把椅子给"老虎"

有一位小学生，人虽长得高高大大，但有些先天智障，还有多动症，同学们都不喊他的名字，而是称他为"老虎"。之所以这样称呼，一是因为"老虎"个子大，动不动就会伸出拳头，在别的同学面前比画，以显示力量，吓唬人；二是因为"老虎""胆子大"，常常上课期间就溜出教室，在校园里闲逛，甚至会跑到正在开会的校长办公室里坐下来，愣愣地看着校长和老师开会。

"老虎"是个天不怕地不怕的人物（其实是因为他不知道什么是害怕），但奇怪的是，他特别佩服自己的班主任。因为班主任从不对他发火，总是比妈妈还要有耐心。最极端的一个案例是，在六年级毕业考试时，"老虎"怎么也不服从对调交流的外校老师的监考，几度要溜出考场。最后是教育局领导亲自批准，由校长打电话请正在家休假的班主任赶到考场，三个监考老师共同完成毕业考试的监考任务，也使得"老虎"安安静静地完成考试。

这是我 2015 年 7 月在徐州新沂市主持班主任论坛时听来的故事。很遗憾的是，我一下子想不起来那个班主任的名字了。但这个学校的名字我永远记得，就是新沂市实验小学。

记得我当时跟班主任老师对话时，说过一句话："一所学校的伟大，也许并不在于要把'老虎'培养成多么优秀的大学生，而在于在校长的办公室里，总是为'老虎'留一把椅子。"令人感动和钦佩的是，当时这位班主任老师说："我们校长确实为'老虎'留了一把椅子。"

留一把椅子给"老虎"，其实更多的是留给教育自身，留下的是公平、尊重、包容……

思考 18　摘掉假睫毛之后的"爱情"……

毫无疑问，我们正在进入讲颜值、拼脸的时代。一个确凿的证据是，化妆术、整容术正从当初特殊情况下不得已的行为，转变为越来越多人的日常消费。

无意间看到三张网络搞笑图片，第一张是新郎满怀喜悦、得意地看着身边美丽的新娘；第二张是新郎满怀诧异地看着正在摘下假睫毛的新娘；第三张是新郎悲催、绝望地看着摘下假睫毛的新娘。一对小小的假睫毛，成了对当下拼脸时代爱情的莫大讽刺。

图片虽然夸张，搞笑也只是片刻欢愉，但由此带来的思考却值得我们关注。我们不妨站在新郎的角度，想象一下他遇到带假睫毛的新娘之后的选择：要么一跺脚，就此拜拜；要么忍气吞声，接受现实，转变态度，好好和"她"过日子。尽管现在离婚率暴涨，恋人之间分手更是家常便饭，但我还是选择相信，现实永远比情绪更复杂，一定有不少人选择原谅、接受和转变……

说到教育中的爱，我们恐怕必须清醒地扪心自问：我们对学生的爱是否也带着假睫毛？这样的爱，能否变现为学生的成长？

从另一个角度看，既然生活中我们能够对自己和爱人的缺点与不足选择原谅和接受，那么在教育中，为什么不能包容学生的缺点和不足？何况成人的缺点和不足基本上已经是定型了的，而学生的缺点和不足尚未定型，有时换一种视角，或许根本谈不上缺点与不足……

摘下新娘的假睫毛，考验的是夫妻之间继续生活乃至幸福生活的勇气和智慧。摘下教育的假睫毛，考验的是让真正的爱生长、传递和变现的态度和能力！

思考 19 画蚂蚁的孩子

记得刚到教科所工作时,我第一次到幼儿园听课学习,是后巷幼儿园的一节大班美工游戏课——画蚂蚁。教师先行展示趣味蚂蚁图,让儿童了解相关结构特点。接着,鼓励儿童把喜欢的蚂蚁画出来。于是,他们立即分组活动起来。我忽然发现一个瘦小的孩子行动特别迅速,神情特别专注,让人看了内心充满欣慰。同时,我又看到这个孩子对面还坐着一个小胖子,他却对教师布置的任务显得漫不经心,时而左顾右盼,偶尔画几笔。当时我心里暗忖,这个孩子需要帮助,并暗自替教师着急:怎么没有及时发现课堂中的这个微妙的细节呢?

……

不一会儿,孩子们完成画作,教师将每个孩子的作品贴在教室边的白板上,和他们进行有趣的点评互动……

下课了,我请两位小朋友等一会儿,进行了以下对话:

我:(对着瘦一点的孩子)你叫什么名字呀?(自感充满亲切)

生:陈×琪。

我:你的画呢?

该生手一指,一张纸上画了四只蚂蚁,验证了我当时的判断,真是聪明的孩子!

我:(转向小胖子)你呢?叫什么呀?(亲切中多了一丝宽容,意味着对他的期望值的调低。)

生:袁×琪。

我:你的画呢?(其实心里已有答案,只是为了等一会儿提醒旁边的教师注意儿童之间的差异。)

该儿童手一指，一张纸上只画了一只蚂蚁，而且和他本人一样胖嘟嘟的。这果然证明了我的预判。在小小的暗自得意中，我突然发现左上角还有一个圆。我以为是没画完的蚂蚁……

我：（继续追问）这是什么？

生：太阳。

我顿感惊愕，同时一丝惭愧袭上心头……

我们习惯于表扬反应灵敏、行动快速的孩子，认为他们聪明，也往往认为那种动作不够敏捷、反应不够快捷的孩子不够聪明。可是谁能告诉我，一个一口气画四只蚂蚁的孩子，一定比只画了一只蚂蚁在晒太阳的孩子更聪明？

爱孩子，不是说在口中的理论，挂在脸上的微笑，而是走进孩子真实内心的发现！

有时候，我们真的要向孩子学习怎么爱他们……

思考 20 换个角度看"优势"

有 A、B 两所学校，A 校地处城中，地段好，生源好，教师好，家长好，可谓"集万千宠爱于一身"，每年都是择校大热门。B 校地处城郊，生源、教师流失严重，家长资源更是乏善可陈。两校的优势对比显而易见，而且落差极大。记得有一次，与 B 校校长聊天，说到社会资源的欠缺，他感叹自己的学生"大多是外来务工子女"，家长中更是"一个科长都没有"。

"一个科长都没有"，不理解的人听上去或许会以为校长太功利，但它却道尽现实中的办学困境，以及困境中不懈努力着的人的内心苍凉。

但是再困难，学校还要办下去，再心塞，孩子也不能耽误。所以，在与校长的后续研讨中，我们发现，所谓学校和学生的优势其实是相较而言的。从学生角度看，其实取决于评价标准而有不同的优势判断。如果单纯从学生的平均学习条件、基础看，无疑 A 校优势明显；如果换一把尺子，看学生在家做饭、劳动的次数和能力，很可能 B 校拔得头筹。而从家长角度看，家长素质高对学生学习有较大的支持力度，但"一个科长都没有"的学校，家长对教师的信任度、依靠度或许更强。

所以，教育发展其实充满辩证法，没有永远的办学优势，也没有一成不变的办学劣势。说到底，还在于我们认清现实，扬长避短，实现精准和个性化的发展。

这样说绝不是无视现实中学校之间的落差，也绝不是站着说话不腰疼的空谈。我们所想表达的不过是：学校条件有优劣，但有爱就一定有出路……

思考 **21** 开学"三事"

又到开学时节。经过一个暑假，校园有了不同程度的改造，年级进行了相应的调整，功能区域进行了新的划分……不要说刚入学的新生、刚入职的新教师，即使已在学校学习、生活了好多年的学生和教师，也有点儿找不到北。但是，不同学校对师生开学过程中的要求、表现及其背后的理念、主张，却略有不同：

有的学校和教师主张"少让学生干事"。理由是，反正学校的很多劳动已经社会化，与其让学生装模作样、蜻蜓点水地干一点活，倒不如省出更多时间来学习。

有的学校和教师主张"让学生勤干事"。理由是，劳动本来就是教育的重要内容，更是培养学生习惯的现实途径。更何况绝大多数学生在家里基本上不做事。

区别于以上两种，有的学校和教师却主张"让学生的开学变成一段故事"。理由是，既然开学劳动是教育的重要内容和内在要求，就必须以课程建构的视角对待开学过程的一系列工作。比如，贵州思南塘头小学倡导开学游学课程，开展"开学三日游"，让学生以旅游的心态，在不知不觉中完成开学之初的种种任务。与此有异曲同工之妙的是青岛市山东路小学，他们开发了一种"开学通行证"制度，通过以大带小的混龄方式，让学生在自主合作中完成开学的种种任务。这种"开学三日游""开学通行证"的实施，实际上是让学生以实际行动经历并体验一段属于自己的"开学故事"。

不同学校，开学有"三事"。第一种是"让学生少干事"，不能说对孩子没有爱心，也不能说对学校紧张的教学实际没有现实的考量，只是显得目光还不够长远。第二种是"让学生勤干事",这是一所优秀学校必备的优良传统,只是问题在于,它仅仅把开学当成各种活动的简单叠加。如此看来,或许只有第三种"讲故事"的开学,才真正体现出时时处处皆是教育资源、学习背景和成长平台的理念。

从"少干事"到"勤干事"再到"讲故事",仿佛并不起眼的开学"三事",恰恰从根本上体现了对学生成长的更加深沉的关爱。

思考 22 你以为你理解的就是你所理解的？

毫无疑问，学生的学习是一种极其复杂的意义建构的过程，也是一种相当微妙的心理活动。但同时，我们必须承认学生的体质和健康，在很大程度上影响他们的学习。

斯坦福大学的斯科特·考夫曼（Scott Barry Kaufman）教授曾会同国内有关专家，专门比较研究了东、中、西部 0—3 岁儿童的智力发育情况，结果发现，西部甘肃等地的儿童 IQ 值与东部江苏等地同龄组儿童相比差距惊人。其根本原因不是人体脑部结构存在差异，很大程度上与不同地区儿童的平时营养有关。于是，他们在西部地区发起"一个鸡蛋"的活动，即给试验地区的儿童每天赠送一个鸡蛋。一段时间以后，这些儿童的 IQ 值提高很快，不同区域之间的落差开始趋平……

无独有偶。几年前，我曾经见到几位家长就不足月龄儿童提前入园问题与某幼儿园园长交涉，理由是自己的孩子聪明活泼，智力发展跟大月龄的孩子不相上下，为什么不可以提前上小班？园长没有立即拒绝，而是请家长观察一个现象：为什么不少幼儿园、小学低年段的儿童喜欢汤泡饭？同时提醒，这不只是一个习惯问题，首先是一个孩子的咀嚼功能开发不完善的问题。由此推广，虽然表面上不同月龄的儿童在智力表现、情感表现上看不出什么差别，但实际上，从手的握力到脚的行走都有明显的不同……

一席话说得家长心悦诚服，放弃提前上小班的要求，高高兴兴去小小班报了名。此事对作为旁观者的我更是一语惊醒梦中人。我们习惯于将学生学习不好归咎于不聪明，将他们的种种"不听话"行为归咎于德育工作不到位，就是没有冷静想一想，这可能与学生的体质有关。想到这一点，我们对学生是否多了一层理解，教育教学活动是否就多了更精确的针对性……

　　学生的成长充满各种可能性，套用一句网络俏皮话：你以为你理解的就是你所理解的？

思考 23　做个"懒"教师

这两件事都是我亲身经历的。

两位同事平时关系很好，但在培养孩子的问题上，却各有主见。A的孩子从小就由爷爷奶奶、外公外婆带，大事小事都由大人代劳，所以直到上初一，连鞋带都不需要自己系。而B的孩子从小都是同事自己带，加上他们夫妻本身工作很忙很累，所以上一年级的时候，孩子就可以在周末的早上下楼，为爸爸妈妈买油条豆浆，而到了初中，就已经能够为家人展示厨艺，烧几个拿手好菜……这样的案例，生活中几乎比比皆是，充分证明老祖宗的一句话：懒妈儿勤快。

养儿育女如此，教书育人何尝不是如此？我刚工作时是在一所农村高中做班主任。一次，我受学校指派去外地参加学习培训一星期。临行前，我们召开了班委会，将班级管理的重任托付给几位班干部。同时又实在放心不下，悄悄请几位科任教师暗地里密切地关注班级动态。让人欣慰的是，这一个星期全班平安无事。更令人感动的是，我回到学校后，值日校长告诉了我他的一个发现。有一天已经放学很久了，其他班级都已打扫完卫生，关上了教室的门，只有我班的教室依然灯火通明。走近一看，全班学生一个都没走。班长正在主持召开一场全班同学批评和自我批评的会议，主题是如何在班主任不在的日子里不给我们高一（1）班抹黑……

这是发生在1992年秋天一所农村高中普通班的真实故事。学生虽然来自最普通的家庭，却因为自觉担当了使命，在班主任老师不在的日子里，展现了自主管理、自觉管理的生动画面。如果不是校长偶然发现，这样精彩的画面可能就永远湮没在校园的人来人往、春去秋来中了……

20多年过去了,当年的那些学生有的成了领导,有的做了老板,还有的当起了老师。每每说起往事,我们每个人都觉得特别幸福。尤其是对我而言,启迪尤为深刻:做个"懒"教师,让学生自主生长。

思考 24　从"对付"作业到"看待"人

有学习就要有训练，要深度学习就要有巩固、检测。所以，小至小学低年级，大至高中生、大学生，大概都必须做作业。

但是布置了作业就得收，收上了作业就得改。于是，教师的劳动就超越了一般的 8 小时工作量，常常要投入更多的时间，付出更多的精力。

麻烦的是，一个班总有一些人布置了作业就是不完成，也总有一些人不是抄就是乱写一气。

于是，学校各部门行动起来，在班主任的协调下，科任教师和家长配合起来，见招拆招，纷纷拿出应对之策：一是正面教育，从讲诚信、核心价值观的高度警醒那些"顽固分子""悬崖勒马"；二是动之以情，从学习心理角度暗示学生"感恩回报"；三是技术干预，强调即时作业、小组检查，甚至以考代练；四是适度惩戒，要么罚抄若干遍，要么喊家长，要么要求回家拿。凡此种种，都是警告"顽固分子""回头是岸"……

一边是职责所系必须布置、收发、批改作业，一边是现实所困必须"对付"的拖、抄、糊弄，书声琅琅的校园里，不得已时常上演"猫捉老鼠"的游戏。作为"老鼠"的"顽固分子"，未免过于难堪，作为"猫"的教师更是苦不堪言。学海无涯，苦海无边，这样的"对付"与"游戏"，真的不知道什么时候是个头儿。

但是，一次偶然与已是资深高中教师的学生的一通微信，给了我很深的启发：

——忙什么呢？

——改作业，想事情。

——想什么？

——一些人抄作业，一些人不交作业；一些学生宁可抄作业，也要交作业；一些学生宁可不交作业，也不抄作业……

一些学生宁可抄，也要交；一些学生宁可不交，也不抄。虽不无自嘲、调侃的成分，言语中更满怀诸多苦涩。但是，它无意中却给了我们思考问题的另一种思路：

抄作业、不交作业当然是一种不好的学习习惯，但"抄"与"不交"的背后，却有不一样的原因、不一样的表现。有的未必就是学生"坏"，很有可能是身体、家庭等客观原因，以及教师的原因，甚至还有可能源于那位教师提到的学生个性中的"正能量"：拒绝抄与及时交。

区区一份作业，所代表的不只是答案、书写、时效……越过这些外显因素，背后是远比这些外显因素更复杂、更多元的人。

饭要一口一口吃，问题不会在一个早晨都解决。"对付"作业的"猫鼠游戏"，还会继续下去。但是在"对付"作业的同时，要更多地走向"看待"人，或许事情会变得更好一些。

思考 25 应"战"

几个朋友小聚,谈到孩子填报的高考志愿。有个医生朋友说,他宁可让孩子做教师,也不愿让他做医生,理由是医生天天遇到的是愁眉苦脸的病人,而教师天天面对的是活泼阳光的未来。席间,立即有几个教师朋友表示反对,有的从专业化角度指出医生比教师更"吃香",有的从工作成效的角度指出教师教育成果的显现要比药到病除的医生慢得多、复杂得多。虽说要静待花开,可是一个人一生到底有多少时间经得起等待……真的是公说公有理,婆说婆有理。这时,一位小学 Y 老师说:也许我们这样的讨论都有一个先天的缺陷,这就是信息不对称。我们羡慕医生的高收入、回报快,却忘记了他们必须面对更为糟糕的医患关系;不少人羡慕教师有假期,面对的都是成长中的阳光儿童,却没有看到教师的劳神费力,更没有看到阳光儿童的成长路上,仍然有很多让人心里很不是滋味的人和事。

接着,她讲了两个亲身经历的故事:

故事一:刚开学不久,一(1)班就发生了几件大事,出了一个"名人"。有个学生自由度太大,动不动就打人,把周围的同学都"欺负"遍了。有教师教育他,他也会举起拳头。他说,他每天都会与妈妈打几架。遇到这样的学生,不少教师、同学都避而远之,甚至庆幸自己班上没有遇到这样的"奇葩"。

故事二:有一天下午,她巡课来到四(1)班,只看见一个男生哭得稀里哗啦,一边哭还一边跟旁边的教师和同学争辩:"我没有!我没有!"小样儿,还真的一副受了委屈、楚楚可怜的模样。原来,上课的时候,很多同学看到他故意扔餐巾纸团,他就是不承认,不惜以泪自证清白。

故事讲到这里,刚才嘈杂的场面一下子安静下来。做教师的朋友,因为这样的事司空见惯，陷入沉思；其他行业的朋友，也因为这样一个不应该被忽视的现实，而对教师职业的苦、难、烦有了新的体认。不过，短暂的沉默之后，大家不无急切地问那位朋友："你是怎么处理的？"

Y老师的答案很简单。对第一个孩子，在他张牙舞爪、众人回避的时候，她一下冲了上去，抓住他的手，同时忍住学生抓破她手臂的疼痛。后来，学生安静下来，说："老师你的力气很大……"

对第二个学生，她把他带到办公室，只说了一句话："也许你没有扔，但纸团是怎么从你的桌上飞到地上的呢？"学生说自己没有用手"扔"，是用书拍打纸团飞出去的，并反复强调这不是"扔"。

……

故事讲到此，聚会也正好结束，但对问题的思考远未结束。教师的教学生涯会遭遇、面对各种各样的学生，教育学生的过程中更是充满各种变数和风险。因家庭、个性等复杂因素的影响，师生关系并不总是如电视剧般处于和谐、阳光的氛围中，常常充满冲突与挑战。第一个学生是以"示威"的方式来挑战，以此在教师那里寻找满足自我的"底线"；第二个学生则是以"示弱"的方式来挑战，以此掩饰自己的错误，"保护"自己的"安全"。

面对第一种挑战，Y老师没有选择回避，更没有被教师应当"温暖""和蔼"的教条桎梏住，而是旗帜鲜明地以适度的力量表明教育的原则。后来，她说爱学生不只是有微笑，讲原则本身也是对学生的爱。

面对第二种挑战，Y老师则选择了更为智慧的"妥协"。先退一步，站在学生的角度，理解学生所坚持的"扔"和用书拍打的"飞"是不一样的，即使学生可能是在强词夺理，也会首先赢得他的尊重和信任。接着，再进一步指出"飞"的本质还是"扔"，眼泪并不能掩盖自己的错误。后来，Y老师说，这样做不仅解决了师生冲突，还取得了一个意想不到的成果，就是加深学生对"扔"和"飞"两个词的理解……

每个医生都愿意遇到配合的病人，每个教师都希望遇到阳光、快乐、听话的好学生。但是更多的时候，我们会遭遇来自不同学生形形色色的挑战。用原则敢于应"战"，用智慧善于应"战"，这样的应"战"，不只是为了教师专业发展，更不是为了战胜好斗、爱哭的学生，重要的是，为了将教师的职业价值和无私的爱，浇灌在每个学生的心田，每个学生的成长之路上。

思考 26 莫云教师痴

苦吟派诗人贾岛留给我们最深的记忆，大概除了"僧推/敲月下门"外，就是"两句三年得，一吟双泪流"的感叹。当然这是诗人追求词句准确或者诗词意境而苦苦寻觅、自加压力的夸张写照，用曹雪芹的话说就是，"都云作者痴，谁解其中味"。

诗人的"两句三年得"，总会成为佳话。如果学生学习也有人"两句三年得"，恐怕就要轮到教师滔滔"双泪流"了。所以，如何提高学生的学习效率，减少无效学习时间，就成为时下各种高效课堂模式津津乐道甚至自我夸耀的话题之一。

但是，有些人的学习真的不能以时间的快慢来计量。

以下是连云港海州培智学校庄老师在一次座谈会上发言的简要记录：

我教过一个自闭症学生Z。他被医生确诊为认知能力低下，语言单一，行为刻板，脾气急躁，有一定的攻击行为。这个学生到学校来已经年纪较大，大概12岁，妈妈全职陪同。我每天上午、下午各给他一对一辅导30分钟。在启蒙阶段，认识数字"1"。

第一步，我先出示"1"的教具模型，让他触摸，感知"1"的形状，同时教他发音"1"。反复练习，直到他可以和我一起说"1"。

第二步，我请他把"1"拿给我。我发出口令"1"，右手指到"1"，左手伸出表示给我。反复练习，他可以把"1"拿给我。

第三步，出示阿拉伯数字"1"的图片，请他把数字图片和教具模型"1"配对，产生知识迁移。

第四步，指导他把数字图片"1"从两张图片中找出来，并说出"1"。

第五步，指导他拿一个玩具摆在数字卡片"1"上，指导他说"一个××"。

第六步，反复指导他取一个物品，并说出"一个××"。

第七步，指导他看我出示数字"1"，并取出一个物品。

在逐渐深入的学习和反复的练习中，我采用很多方法。比如，在教学中穿插儿歌游戏和他做拍手互动，不停地调整他的情绪，应对他突然爆发的攻击性行为，等等。有时候，两个胳膊都被他抓肿了。可是，一个月下来，他还是不认识"1"。

我当时坐在他对面，真的有点挫败，眼泪忍不住流下来。我想，这个学生为什么会这样呢？怎么教都学不会，都记不住！

静下来之后，我想，既然他都来了，不管怎样，我还是要好好教他。于是，继续坚持变换方式，努力创设情境……只为了教他认好、记好、用好"1"。

一晃又半个月过去了。Z总算认识了"1"，基本学会了"1"的用法，并且还会伸出食指告诉我，这是"1"……

但是，这样的学习成效是不是可持续的呢？我心里还是不太有底。正好有一次，我出差培训了几天，刚到校园，Z一看到我，就立刻冲过来把我抱住，非常开心地向我伸出一根手指。我心里一阵温暖，他终于学会了"1"！而且，他终于记得我、认识我了！对于自闭症的学生来说，学会一个知识太难，记住一个人并深切地寄予信任更难。我的眼泪几乎又要流下来。我知道，这是幸福的眼泪，骄傲的眼泪。一个半月的付出没有白费。而这，不就是最好的开始吗？

……

记得那次座谈会的参加者绝大多数来自普通教育口的校长、教师。令人颇感意外的是，庄老师讲完她的经历后，大家并没有立刻给予热烈的掌声，而是有那么一小会儿，会场陷入短暂的沉默。这是最难能可贵的沉默，是最催人反思的沉默。沉默里，有对言说者由衷的敬重，有对自身使命与实践深切的追问……

一个半月,一个"1",这不是诗人遣词造句的风流佳话,也不是高成本、低回报的经济计算。这是真真切切的教学生活,是真真切切变现到一个学生身上的爱。

枯燥难免,烦恼亦难免。但是怀揣爱心,肩负信任与期待的教师,只会轻轻地对自己说声"好好教他",也许会无意间哼起一句歌词:爱了就爱了……

莫云教师痴,自有其中味。

思考 27 爱给谁看？笑在何时？

新学期开学第一天，贵阳一所小学流出来的一张照片引发了一阵并未引起多大轰动的议论：全体教师穿戴一致，列队门口，向每一位进校学生鞠躬如仪，学生再鞠躬回礼。校方的解释是，通过仪式，强化师德形象，密切师生关系，同时将"八礼四仪"教育落到实处。这正是贵州国学教育进课堂的一个缩影。对此，赞之者大有人在，认为这是学校服务理念和师德建设创新的具体体现。弹之者也不乏其人，认为这不过是吸引眼球、做做样子的"爱心秀"。

超越对错是非，我们宁可认同校方的出发点是认真的，动机是纯正的。而且，在这日益多元化、个人化的网络时代，公说公有理，婆说婆有理正成为社会生活的常态，很难建立起"道德法庭"判定一个很难界定的爱心行为和德育理念。但是话又说回来，凡事总得看主流。有时候，在双方各执一词的情况下，回到常识恐怕是拉近鸿沟、寻找共识的一个比较有效的办法。为此，我们不妨试着回答几个问题。比如，表示尊重学生的礼仪除了鞠躬还有其他的吗？这种鞠躬礼就是"八礼四仪"的礼仪，或者是人们所理解的国学"正统"吗？教师平时都穿照片中的衣服上课吗？……当然，问题还有很多。常识一点点回归，真理也就一点点接近！事实上，我们会发现，这样的礼仪，这样的爱，即使出发点再认真，终不是给教师、学生看的，很大可能是给领导、社会看的。再看看现在许多学校在搞大型活动时，大多会挑选一些面容姣好的女孩，穿着旗袍，佩着绶带，笑不露齿，动手如仪，款款而行……这真的是学生的体验式教育吗？又是给谁看的呢？

再从礼仪活动回到课堂学习。所有的领导、专家都要求教师在课堂上"用微笑面对学生"。这当然是正确的。当学生苦恼的时候，教师的一个微笑或许就能扫除他们心里的阴霾；当学生遇到困难的时候，教师的一个微笑或许就能鼓励他们继续攻关。但是，学生在课堂上学的不只是知识，更不只是教师的微笑，而是生活，是人生的全部体验。教师发自内心的喜怒哀乐，正是学生了解和体验全部生活滋味的有效路径。单一的微笑，甚至为笑而笑，有时候不仅不能帮助学生了解教师的内心，反而会拉大师生间的距离。教师只有与学生真正拥有同一种心跳，同一个表情，才会真正走进学生，在师生间激发出真正会心的、幸福的微笑。所以，请相信学生的判断力。教师与学生的距离，并不以你微笑的程度为标准，而恰恰以满足他成长的需要为前提。教学生涯需要笑，可未必总是需要笑，更不需要装出来、堆出来的笑。

  爱给谁看？笑在何时？貌似这是小问题，却关联着教育和教师的大格局。还是那句话：常识一点点回归，真理就一点点接近！

思考 28 表扬的成本

大概人之为人，就没有不喜欢被鼓励、被表扬的。所谓"良言一句三冬暖，恶语伤人六月寒"，说的就是这个道理。尤其是对感性思维相对发达的中小学生，他们更需要通过具体、及时、真诚的表扬，激励学习的自信心，强化成长的动力源。为此，无论是专家，还是局长、校长，甚或家长，无不要求一线教师多表扬、多鼓励学生。因为对教师而言，一个信任的眼神，一句表扬的话语，一个鼓励的微笑，是很容易做到的。

表扬学生理所当然，需不需要成本值得商榷。

首先，就表扬本身而言，表面上看，表情与语言所耗费的时间和精力成本可以忽略不计。但是，什么时机表扬，表扬什么内容，表扬后的跟进措施如何，以点带面的影响力如何评估……所有这些，无不需要教师及时作出判断与选择。为此，看似随机的表扬，其实是教师自身专业积淀的综合反映。这样看来，计算表扬的成本，不能只算单次的身心付出，要看整体的生涯付出。就好像计算上大学的成本不能只算高三一年，而要计算学生的整个成长过程。这应该是同一道理。人们夸奖演员常用"台上一分钟，台下十年功"，教师的表扬又何尝不是如此？

其次，就表扬的后续反应来看，教师往往要付出更多。扬中市外国语小学的耿老师讲过一个她亲身经历的故事：

早上在楼梯上遇见了方同学，这是一个作业拖拉大王。但是他今天却用他独特的大嗓门告诉我，他第一个交的是语文作业。我知道，这大概是因为他昨天的默写又得了全班最后一名。但我没有批评他，而是说："大概你以前不喜欢耿老师，所以不交语文作业。从今天开始，你是不是有一点喜欢耿老师了呀?"他不说话,就是继续"傻笑"着。但是第二天早上,他给了我一个大大的惊喜,不仅交上了作业,还给我看他写的一首诗:"风,你是什么/我看不见你/但你让我们凉爽起来/一定是你轻轻地走过"。

我大声赞叹道:"这是绝对的原创啊!"虽然这首小诗有点前言不搭后语,但我还是告诉方同学:"老师最喜欢最后一句,'一定是你轻轻地走过',仿佛真的有微风轻轻拂过,沁人心脾。我给他加了十颗星,并请他在班上朗诵。不过,这下麻烦了。后来连续很多天,只要他一看见我,就会取个小本子,让我看他写的诗……

在这个故事里,教师的表扬触动了学生发展的心弦,但学生发展的兴趣,客观上又给教师的工作带来挑战。从这一点上说,表扬是有成本的,而且有较大的成本。从某种程度上说,可能是教师自找苦吃,尽管这个苦吃起来是甜的。

再次,从表扬的后果看,恐怕正负两方面都有。适度适切的表扬,往往带给学生正向的激励,前述耿老师的故事可算是"甜蜜的烦恼"。但是我们千万别忘了,当年的方仲永少有才名,后沦为庸才,很大程度上可能就是被表扬太多、夸得太滥导致的……

表扬学生,鼓励学生,是教育的基本要求,也是师爱的基本体现。但是表扬也有成本,爱更需要付出代价。付出成本的表扬,付出代价的爱,往往才真正有利于学生成长。

思考 29　一只调羹，一面镜子

午餐时间差不多快结束了。五（1）班依然传来值餐教师略带犀利的喊声："方××，你是吃饭还是数星星啊？！"原来方同学的吃饭拖延症又犯了。任凭其他同学已经吃完了饭开始收拾桌子，任凭值餐教师一而再再而三地催促，他就是不紧不慢，把一粒粒米饭当作敌人，嘴里还不停地自言自语，叽里咕噜，也许是在表达不愿吃饭的委屈，也许是在低声向值餐教师表达抗议。

就在这时，担任年级总值的耿老师走了进来。她和方同学已是"老对手"了。只见她带着微笑无声地走到方同学身边，拿起他的调羹，舀了一勺米饭，轻轻地用右手抚摸着小方的头，作出要喂他吃饭的架势。说时迟，那时快，方同学立刻用右手来抢调羹，并用左手捂住嘴巴，生怕耿老师把饭喂进去，同时含糊不清地说："我自己吃，我自己吃。"只见方同学接过调羹，把所有的菜和饭拌在一起，然后用力挖起满满的一勺，努力地往嘴里狠狠一塞，两个腮帮子立刻鼓了起来。耿老师看着他一边翻眼睛，一边伸长脖子，一副难以下咽的模样，又好气又好笑，便递给他一碗汤。方同学接过汤喝了一大口，咕噜一声，仇人一样的午饭全部落到肚子里……

这小小的一件事，引发了耿老师深入的思考。在后来的教学随笔中，她写下如下内容：

看见小方，我想起这几年接触过的有着特殊吃饭嗜好的学生。有的学生光吃饭不吃菜，只要弄点汤泡泡米饭，就可以吃几碗；有的学生，一开饭就拼命喝汤；有的只要吃起蔬菜，就仿佛要他的命；有的遇见喜欢的猛吃，不喜欢的一点不吃……如果一个人连饭都不能好好吃，还怎能专心做事、健康成长呢？我不禁感到担忧。

一只调羹像一把无声的手枪,"打败"了学生的吃饭拖延症。后来耿老师又告诉我:这些五年级的学生,既是"耍无赖"的高手,又是特要面子的人。如果直接命令他吃饭,就会助长他的"耍无赖";而如果采用激将法,假装喂他,为了面子,他也就必须吃饭……

听到此处,我满怀感慨和钦佩。真的要好好谢谢耿老师,将学生吃饭当成课题。针对学生的不同吃饭表现,她使出不同的"绝招"。爱学生,爱到吃饭喝汤的细节,爱到对学生心理的准确把握。这不仅是变现了的爱,更是科学的爱,最深沉的爱。

感谢那一只把羹,它不仅是耿老师"对付"学生的"无声武器",更是教师践行人师诺言的最明亮的镜子……

思考

30 幼儿家长会 3.0

一次颇具新意、别开生面的家长会，引发我更为深切的感动和更为深刻的思考。镇江市润州区凤凰家园幼儿园是一所才兴办五年的幼儿园，教师大多是初出茅庐的年轻人，但她们通过自己的努力与创新，办成一所深得家长信任、颇具社区号召力的幼儿园，办成一所坚持《3—6岁儿童学习发展指南》方向、夯实发展基石的幼儿园，办成一所基于问题引领、善于改革创新的幼儿园。其间付出的努力与汗水令人钦敬，取得的进展与实效令人羡慕。具体到本次家长会的创新，我想除了朱园长介绍的三点初衷外，更在以下四个方面给了我们诸多启发：一是真正有效的家长会，必须针对幼儿成长的第一责任人——幼儿父母与班任教师，将二者的责任心切实连接起来，二者的发展目光切实交织起来；二是真正有效的家长会，必须回归幼儿成长的基本纲领，努力让《3—6岁儿童学习发展指南》与《幼儿园教育指导纲要》成为家园之间的"最大公约数"；三是真正有效的家长会，必须突出幼儿一日活动的整个流程和基本内容，从活动参与到言语倾听，从餐饮习惯到个性表达，努力让家长既成为沉浸式的培训对象，又成为相互交流促进的学习资源；四是真正有效的家长会，必须聚焦现实的问题发现与问题解决，进而促进教师专业与家长亲子教育水平的共同提升，努力让家长、教师甚至社会，不再成为彼此隔阂的"单面人"，而是成为不断促进幼儿成长的"合伙人"。

从更深层次上说，家校关系从来就是推动学生成长、提升办学水平，甚至建设文明社会不可或缺的要素之一。大概有了学校、幼儿园，就必须召开家长会。尤其是在当下社会生活节奏加快、儿童父母自身学历水平提高、家庭社会对儿童成长个性化需求愈加强烈，但各种批评声音又不断涌现的"互联网+"时代，改进家长会的召开形式，优化家长会的实际成效，就更有了必要性与紧迫性。

在我看来，早期的家长会大多停留在教师讲、家长听的"布置性层面"，属于幼儿家长会的 1.0 版；后来的家长会往往变成家长的批评建议会，逼着幼儿园不得不召开类似说明辩解，甚至不无刻意展示、作秀成分的"应对性层面"的家长会，可看作家长会的 2.0 版。今天凤凰家园幼儿园所做的有意义的探索、创新，不仅将家长会开成一次隐性培训会，更是开成一次显性研讨会；不仅开成一次教师、家长间的观摩交流会，更是开成一次多主体的学习会；不仅开成一次潜移默化的办园成果展示会，更是开成一次塑造愿景、巩固共识的发展展望会。至于它对教师专业发展的促进以及对家园关系、学校与社区关系的融洽作用，是可以确证和确信的。无论从哪个角度看，这都是一次"立体性层面"的家长会，属于家长会提档升级的 3.0 版。

从幼儿家长会的 1.0、2.0 版到真正走向 3.0 版，变化了的是时代，是家长会的立意、设计、形式与成效，不变的是学校与家长的共同责任，是始终基于人、立于心、见于行的对每个幼儿最深切、最根本的爱。年轻的凤凰家园幼儿园，以实际行动推动家长会的变革，更变现了对幼儿成长的爱！

思考

31 判断的自信与选择的尊严

场景一：午餐结束了，六（1）班学生纷纷拿出自备的小抹布，小心翼翼地把刚才吃饭时弄脏的桌面擦干净。调皮的男生小L走上讲台，连抽了几张纸来擦拭。这时作为小队长的女生小Y对他说："你怎么不用抹布？班上的抽纸不是用来抹桌子的。"小L说："我看到别的同学抽纸了……"小Y继续严肃地说："你这样不对，我明明看到只有你一个人去抽纸……"

两个人的争吵引起正在值餐的T老师的关注。她朝两个学生看了一眼，又埋头批改起作业来。而争吵随着大多数学生擦拭整理桌面完毕而结束。

场景二：一大早，T老师接到一个陌生来电。原来是小L的母亲。她对T老师直言不讳："我们小L昨天回家不高兴……"

"为什么？"

"昨天小Y冤枉了我们孩子，你作为值餐教师没有及时干预，是失职。"

对于家长这个明显带有责问和偏袒自己孩子的电话，T老师苦笑不已，但她依然请家长给她一点时间，让自己进一步了解情况。

T老师先询问了其他同学，大家一致认为Y做得对。

T老师问小L："你回去告诉你妈妈Y同学冤枉你了吗？"

小L答："我没有。"

"那你妈怎么说是你说的？"

"她猜的。"

……

场景三：T老师与小L的家长通电话："我向您说明一下我了解到的情况……"

"不必了。不好意思，T老师，是我护子心切，错怪您了……"
……

这不是电视剧本，是发生在一所小学里的真实故事。抛开这件事的其他视角不谈，单就教师与家长关系而言，不知从何时开始，家长成了"常有理"，甚至不讲理。一言不合，稍不如意，就打着孩子的旗号对学校、教师提出这样那样的要求，有的甚至还是无理的要求。还有极端的家长会聚众堵校门，带着孩子变相罢课，以此逼迫教师、学校让步。相较而言，教师和学校成了弱势群体。不少教师和校长为了保护自己，不得不委曲求全，一再让步。家校关系的这种紧张与不信任，最终损害的不只是教师形象，更是学生的成长。

难能可贵的是，T老师面对学生间的小矛盾并没有感觉如临大敌，更没有考虑会不会有家长借题发挥、大做文章。她只是微微一笑，继续做她的事。这是对学生的不负责任吗？这是不在乎家长挑刺吗？不是的。T老师在QQ空间里这样写道："这两个学生都已不小了，平时关系也不错。与其武断干预，不如把解决矛盾的主动权交给学生，交给时间，相信他们一定能解决自己的问题。这对他们是更宝贵的成长经历。"

更可贵的是，面对家长的片面乃至不礼貌的指责，T老师没有惊慌失措，更没有一味退缩，而是努力用事实说话，让家长自明。她继续写道："哪怕家长提出的是无理要求，也有他的理由。但作为教师，我们必须有判断的自信和选择的尊严。毕竟，教师的专业告诉我，我不是为某个家长教书育人，而是为了学生的成长……"

判断的自信与选择的尊严，是教师实践经验的集中体现，是教师专业素养的集中体现，更是教师对事业、对学生更负责、更科学的爱。从这个意义上说，T老师不仅给了两个学生一次成长的机会，给了一位母亲一次反思的机会，更给我们树立了一个让爱变现的样板……

思考

32 亲妈为什么不敌老师？

这是小学 G 老师的一篇随笔，征得本人同意，将部分原文照抄如下：

早读时，我到班上拿作业，孙源（化名）递给我一个小盒子，很是复古、可爱。我猜："是本子吧？"他憨憨地笑了笑，还吐了吐舌头，不说话。回到办公室，我打开一看，里面是一支笔和一个记事本。笔是一只小兔子的模样，本子不大不小，正好可以放进我的包包里。我非常喜欢，以为是他妈妈让他带来的。于是，我给她发了个微信表示感谢。哪知道，这礼物竟是孙源在校外得来的奖品。回家后，他喜滋滋地给妈妈看。妈妈也很高兴，以为要送给自己，哪知道小家伙说要送给自己的语文老师！天哪，这是多么大的恩赐啊！孙妈妈有点吃醋地说："亲妈不敌老师啊！"刹那间，感动满满地充盈了我的整个心田。

下课后，我特意跑去班上向孙源表示感谢，并承诺送给他一个礼物。问他要什么，他又憨憨地笑，最后还是选择了书。

我很享受学生带给我的小礼物，这些不是能用金钱衡量的。想着孩子在家里尽心尽力地为教师准备礼物，然后来到学校鼓足勇气送到教师手上，得经历多大的犹豫、挣扎！有的时候可能是一颗糖，可能是自己手工做得不太完美的作品，但其中包含着的情意远远超过物品本身的价值。所以，每次收到礼物，我都会表现出十万分的喜欢和感谢，然后找个机会回赠一份礼物。

本子的背面有一段话，我更喜欢：每个人心中都住着一个长不大的孩子。保持善良，我要像孩子那样善良，用最纯粹的心对待世间万物。

其实，今天一早我还收到了佳艺（化名）的梨子。她说："老师，我放了一个很甜的梨子在你的桌子上。"现在我还没吃，明天一定要尝尝，并且要告诉她，梨子很甜。总之，学生的心离我越来越近，我真的很开心、幸福。

做一个幸福的教师，其实很简单。只要用心对待每一颗幼小、单纯的心，就足够了。

读完上面的随笔，我的心情也随着G老师的文字流转而变得舒朗起来，时而轻松微笑，时而陷入沉思。我甚至顾虑，在师德条例严苛、严禁教师收礼的今天，我输入上面的文字，是否真的合适？是否会引起一些网络舆论的热炒？但又转念一想，什么样的条例能禁得住师生间的真爱？什么样的舆论能阻挡教育花朵的生长？

我们这个时代总是走得太快。一些貌似有理的观念、一些眼睛里容不得沙子的人，束缚甚至几乎左右了当下的学校和教师。比如，切实加强师德教育，就必须坚决拒绝收受学生和家长的礼品。这固然是正确的。但是让我们疑惑的是，这样的规定是否也包括G老师随笔中提到的一个学生得奖的本子，或者一个梨、一颗糖？当然，有人会说，学生完全可以以另一种方式表达对教师的感情。事实上，这是不尊重学生意志的包办心理。师生之间有意义的小礼物交流，既是情感的自然表达，又是让学生学会生活的重要组成部分。因过分强调师德规定而否定师生间的小礼物交流，实在是因噎废食，得不偿失。

抛开这方面的疑惑不谈，回到问题本身，小学生为什么要将自己的奖品送给教师？为什么"亲妈不敌老师"？

一是学生感谢教师。没有教师平时的付出，哪有学生哪怕一张纸、一颗糖的回报？收到礼物的快乐，恰恰是对教师辛勤劳动最有说服力的报答。往远处说，对学生而言，拿出的不只是自己心爱的物件，更是一颗懂得感恩的心。这正是学生终身发展所必需的基本素养。

二是学生需要被认可。学生在学习活动中获了奖，不是将礼品送给妈妈，而是送给了教师。其中的潜台词或许是：老师，你看，我行不行？而教师收下这个特殊的礼物，就意味着对学生的肯定，是无声的鼓励。这个"转手"的礼物，其实成了师生间继续合作共进的契约，又成为家校之间深化心灵沟通的桥梁。两颗真诚的心，一次令孩子妈妈"嫉妒"的"转手"，不经意间让礼物本身的价值实现极大的"增值"。

　　三是人在潜移默化中成长。学生将最珍贵的奖品赠给教师,是自己纯洁、真诚心意的表达。教师收到这个特殊的本子,不是将其置之一旁,也不是停留在感官的愉悦和情感的满足上,而是发现她更喜欢本子上的一句话:"每个人心中都住着一个长不大的孩子。"说实话,读到这里,我心里油然升起对G老师的敬意,一个能对学生礼物的每个细节都如此在乎的教师,她真的配得起学生发自内心的尊敬!更令人感慨的是,G老师写道:"做一个幸福的教师,其实很简单。只要用心对待每一颗幼小、单纯的心,就足够了。"我想,有了这样的思想和追求的教师,她心中装着的学生就远不止孙源"这一个",而是她天天、月月、年年遇上的"每一个"。这就是教师在反思中自我激励、自我成长的无形动力。

　　G老师在随笔中说到幸福,一个在学生心目中"亲妈不敌老师"的教师,固然是幸福的,但更幸福的应该是那些真诚的学生和对他们付出更多心血、寄予厚望的"亲爸""亲妈"……

思考 33 从"不速之客"到"永久居民"

丹阳普善幼儿园是一所交付使用刚满一年的新幼儿园，但是班级规模从去年的 3 个班一下子扩容为 12 个班，生源从开始的一百来人扩充为 370 余人，仿佛不经意间就从一所默默无闻的小字辈一下子成长为百姓热衷的焦点"大热门"。这固然有所在小区入住率提高以及所在区域公办幼教资源紧缺等客观原因，但也与该幼儿园团队自身的努力及其自觉发展、内涵发展密不可分。

何以见得？或许从我听到的一只画眉鸟的故事中就可见端倪。

一早于绵绵秋雨中走进普善幼儿园，在葛祥梅园长的带领下走进宽敞明亮的门厅，一下子被门厅中简洁的装饰吸引住。几根柱子边，包围着真真假假的绿植，屋顶上还有一些树枝造型。我想，这真的是一所注重环境课程建设的幼儿园，将一个家长接送孩子的门厅变成一座小型"童话森林"。完全可以想象，每当幼儿早晨入园、下午离园经过这里时，内心是一种怎样的新奇与愉悦。这大概就是一种沉浸式学习，一种儿童的生活体验吧。

刚想跟葛园长交流几句，表扬她们做事用心，耳畔忽然传来一阵阵鸟鸣，细听好像是画眉的声音。循声找去，果然在一根柱子的绿植旁挂着一只美丽的鸟笼，里面有两只漂亮的画眉，一浅黄一淡绿，见到人来，顿时活跃，叽叽喳喳叫个不停。我心头一喜：这门厅，这"童话森林"，因为有了鸟鸣，才更加名副其实，充满灵性。我甚至能想象出早晨孩子雀跃着向小鸟问早、下午雀跃着和小鸟再见的生动画面。继而，我的眉头又微微一皱：刻意地买鸟装饰门厅，会不会禁锢了小鸟的自由，显得不那么自然？葛园长仿佛猜到了我的心理活动，笑着告诉我，这其实有一个有趣的故事。

原来有一天，已过了放学时间，保安师傅忽然发现大门边围墙上停了一只画眉鸟,身形漂亮,站在墙头"引吭高歌",过了差不多半小时也不愿离去。保安师傅猜想这一定是哪一家失散的宠物鸟,就跑去把它捉了下来保护起来,等待失主前来认领。可等了一个多小时,一直没有人来找,直到最后一位值班的王老师离开幼儿园。保安师傅就问王老师这鸟怎么办。王老师说等明天再看看有没有人来找。就这样,一直等到第二天中午,依然没有人来。保安师傅急了,又找到王老师、葛园长问怎么办。大家一合计,既然是只无主的画眉,不如就给它在门厅的"童话森林"里安个家,使这个"森林王国"变得更加名副其实。

可以想象,又一个早晨,幼儿雀跃着走进门厅,突然听到一阵鸟鸣,该是多么惊喜!直到现在,葛园长在向我描述那种情境时,依然充满欣慰和神往。而这"童话森林"里的鸟鸣启发了更多的教师和家长,大家又自发去花鸟市场买来第2只、第3只、第4只画眉。如今的"童话森林",真正充满鸟语花香,更让幼儿体验到百鸟和鸣的情景……

葛园长的话打断了我的遐思:我们这样做,让一只画眉从"不速之客"变成幼儿园的"永久居民",就是想努力使幼儿园的环境变成幼儿学习的资源,让清脆婉转的鸟鸣成为幼儿成长的课程。

"当然,这只是我们鸟鸣课程建设的第一步,'童话森林'听鸟鸣,可算作我们的体验课程。"葛园长继续介绍,"第二步,我们要让区角、走廊成为鸟类知识大观园,逐步为幼儿建构趣味认知课程。第三步,我们要将小鸟请进幼儿的课堂和游戏中,让幼儿不仅能识鸟,而且能画鸟、唱鸟、演鸟,不断丰富我们的游戏课程……"

颇为奇怪的是,虽然葛园长的介绍非常精彩,但有那么一刻,我却有点"走神",在寻找这所年轻幼儿园的成长"密码":

当一所幼儿园的保安没有将一只捡到的画眉据为己有,娱乐自己的孙子孙女,而是把它献给幼儿园、献给更多的幼儿时,我知道,这实际上是将每一个自己都自觉拴在幼儿园的航船上。这已经是一个有着共同愿景、强大凝聚力的团队,这是一所学校、一所幼儿园发展最宝贵的财富和最强劲的动力。

当一所幼儿园不是将一只小鸟作为宠物,而是作为园本化的课程资源,并为之建构出主题鲜明、参与面广、层次分明、拓展多元的课程体系时,我知道，这已经是一个走在自觉发展、内涵发展道路上的建设性、创造性团队。这是一所学校、一所幼儿园发展的最关键的要素和最核心的竞争力。

使一只小鸟从"不速之客"成为"永久居民"，付出的不只是心血，更多的是爱；收获的不只是成长，更多的也是爱……

思考 34　孩子的"原则"与"狡黠"

记得小时候看过一则笑话，说是一对一心要嫁帅哥娶美女，但自身又有明显生理缺陷的男女相亲，女的用门遮住半边脸，闭月羞花地看着高头大马上的帅哥从门前经过；而马上的小伙自然也看中了羞掩门扉的姑娘。谁知洞房花烛夜方知真相，原来帅哥是跛脚，姑娘半边脸是麻子。这一切都是媒婆做的"局"。她为了促成这对青年婚嫁，收取谢媒红包，巧妙地利用马与大门等道具，设计了扬长避短的情境，成功地把二位新人"蒙进"婚姻。对故事的进一步发展我已记不大清楚了，大意是二位新人先是彼此埋怨，接着共同将矛头指向"坑人"的媒婆。

当然，故事讽刺的是那些不自量力、欺瞒哄骗的人。但从认知方式看，抛开媒婆的"阳谋"不谈，这一对男女大概都犯了"想当然"的错误。

事实上，这样的笑话只能当笑话听。无论是在遥远的农耕时代，还是网络发达的今天，一对男女要正式走进婚姻，除了自己把关，还不知要经过多少亲朋好友的明察暗访。性格不合或许难以目测，明显的生理缺陷绝难以"蒙混过关"。所以，上述故事在现实的婚嫁中几乎不存在。

但是教育就不同了。教育的目标是人，是生物学意义上的人，是神经学意义上的人，更是社会学意义上的人。人的生理特征各不相同，即使外在生理特征大同小异，神经系统也千差万别，到了思想、生活层面更是毫厘千里。特别是对成长中的学生，教师任何点滴的"想当然"，都会导致对生情和学情的误解与误判。

国庆朋友聚会，一位朋友讲了刚作为普通高中黑马"爆冷"考上名牌大学的女儿的几个成长片段。其中，关于他女儿自主与"狡黠"、原则与担当的不同侧面，给我留下深刻的印象：

我女儿小时候很顽皮，从来不好好走路，在幼儿园总是从扶手上滑下来，在家下楼还有三四节楼梯，她一定是跳下来。我说："你为什么不好好走楼梯呢？幼儿园的阿姨都不用抹扶手了，只要你滑一滑就不用搞卫生了。"她的回答是："这样又快又好玩，还锻炼了跳的能力。"所以，她的体育特别好。

初中学校提出要把女生、男生培养成淑女和绅士。我对她说："三年以后，你一定会变成一个淑女。"她的回答却是："你想得美，三年后我一定会成为两面派，在学校假装淑女，出了学校该怎样就怎样，我还是原来的我。"

初中时，女儿自己主动争取当了体育委员。每次广播操比赛，她就忙得不得了。对于做得不好的同学，她都要一一规范训练。在一次班会上，老师让他们讨论什么事，每组有一个组长，女儿不是组长。她们说到组里为什么没有成功时，组长说因为某某同学拉了组里的后腿。女儿很不服气地说："这是组长的责任，这个同学你安排的位置不对，不应该嫌弃能力弱的同学，是你没有带动大家帮助他，你是组长，你要负全责……"后来，女儿主动和组长一起，督促指导全组同学练习，最终取得了成功。

女儿从小到大成绩都是十几名，不是很突出，但每次大考都发挥得比平时好。我问她："为什么都是最后一考好呢？"她说："因为你们大人都很贪心，我不能养成你们贪心的习惯。平时考得一般，让你们对我不要有太多奢望，最后考好了，你我都高兴，考得不好，也在意料之中。"我听了又好气又好笑。

……

听着朋友的讲述，我陷入沉思。有时候，我们看到孩子在滑楼梯，从楼梯上往下跳，要么出于安全的考虑，要么出于习惯的养成，会立刻制止，心里还会作出某种类似"这孩子调皮不听话"的判断。而听到孩子说要做"两面派"时，一下子又会产生"这孩子滑头"的印象。事实是，孩子想到的却是兼顾锻炼身体，塑造自己的形象。这到底是一种"狡黠"，还是对自己负责呢？

就是这样一个成绩并不特别突出，甚至还给人调皮、"狡黠"印象的女孩子，在班级荣誉和学生活动的关键节点上，勇敢地站了出来，不仅指出别人的不足，而且担当起应尽的使命。这让那些戴着有色眼镜看成绩不太好的学生的教师，真是要大跌眼镜了。原来，"狡黠"的孩子也有坚持原则、敢于担当的一面。至于孩子对考试名次的见解与安排，更是让大人惭愧不已：原来我们那么望子成龙，纠结于孩子的名次进退，很有可能真的是大人"太贪心"了！

"狡黠"与原则，自主与担当，构成学习主体的多个立面。警惕父母和教师的点滴"想当然"，都将使结果与出发点截然对立起来。很多时候，我们之所以播下的是龙种，收获的是跳蚤，不是孩子天生就是"跳蚤"，而是大人硬把"龙种"变成了"跳蚤"……

思考 35 跌跌撞撞又一天

Y老师的星期三，算是与一位叫孙池（化名）的同学"杠"上了。这些都记在她的随笔里——

A：上午，语文课上，孙池总是嘀嘀咕咕，我已经有点生气。大家都在认真地准备默词，突然从他的身上发出"嘀嘀"的声音，大家都停了下来，朝他张望。他也不客气，站起来说："我爸爸给我打电话，让我下去拿钱。"我心里的火一下子蹿起来，不客气地说："现在是默词时间，你去拿钱，语文课就不要上了！你自己看着办！"这学生竟没有任何犹豫，站起来就往教室外面冲。

不管他了，我开始批订正的作业，谁知第一本就是孙池的，而且修订过的还是错误的。我将作业本摔给小凯（化名），让他放到孙池的桌子上。

一会儿工夫，孙池红着脸蛋跑上来了。我瞪了瞪他，没理他。刘涵（化名）看见孙池回到座位，转过头用手指了指他的桌子，意思是告诉他要订正作业。不巧的是，刘涵的这个举动被我看到了，我心想：正默词呢，怎么又来一个多管闲事的？我气冲冲地对刘涵说："你也别默了，和你的难兄难弟有难同当吧！"刘涵傻了，愣了半天。其他学生估计没见过老师这样声色俱厉，教室里一片安静，都能听到屋外呼呼的风声。

我继续默词，不理他们。默完词，我转到他们俩身边，看见两个人都在默默地抄词呢。我问刘涵为什么抄词，他说知道错了，正罚自己把今天默的词抄四遍。孙池看着我，也说在罚自己。我又好气又好笑，觉得自己也有点莫名其妙的不安与恐慌。学生的懂事，有时是会让教师汗颜的。

B：我的头发一直染成黄色，好几年了，自己都厌烦了。中午我去将头发染成了黑色。一下午，学生都沉浸在教师头发变色的兴奋里。

下午上课前，我到班里收试卷，一进门就听见学生窃窃私语："老师的头发变颜色了呢！"孙池好像已经忘记了上午的事，跑到我跟前，很好奇地看着我说："老师，你染发啦？"我点点头，希望他夸我几句，哪知道他并没有下文，就跑开了。

第一节下课，我在走廊走着。孙池和好多学生终于忍不住跑到我跟前，认真地说："老师，你还是黄头发好看。"好一个实诚的孩子！我愣住了，竟然说不出话来。旁边的小瑞（化名）一脸嫌弃地说："黑头发好看，你会不会说话啊？"我冲孙池挤挤眼睛："黑头发也好看，对不？"孙池大声地说："老师，你头发变成黑的，好像很少女啊！"我定了定神，深深吸了一口气，说："谢谢你！不过，老师真的只有16岁哦！"我边说边眨眼睛，心想既然大家都很开心，我不妨再逗逗他们。他们都傻傻地笑起来，估计都在想Y老师真是可爱！刘然（化名）忍不住了，说："哪里呀，你只有10岁！"大家哄堂大笑，算是对我黑发的最好赞美吧。

C：现在是晚上，我在批改学生的随笔。又是这个孙池！我算是与这个家伙杠上了。可是，我分明发现，原来写字一直歪歪扭扭的他，这几天不仅在努力写好字，随笔的质量也有所提升。这绝不是教师单方面的功劳，肯定是家长在家里下了功夫，还是不小的功夫。如果父母看见孩子的作业字迹马虎，质量不高，提出让孩子重写，效果应该会更好吧？到了学校，教师发现学生的作业不过关，让他重写，可他实在是没有多少富余的时间，不能挪课，不能占用他下课的时间，很多时候放学了他都还没有写好，只好让他再带回家。所以，我尽量不让学生重写作业，实在看不下去就先严重警告，最后才是重写。但是，仍总觉得这样会浪费学生时间。学生作业马虎，怎样更好地解决，要动动脑筋，要向孙池的爸爸妈妈请教一番。

……

读完Y老师的随笔，我仿佛跟着她度过了跌跌撞撞的一天，认识了一个可气却可爱的孩子，也认识了一个阳光、乐观、有亲和力、有反思精神的老师。这样的一天很普通，这样的师生不完美却真实，充满生气与灵性。当一个教师能将师生关系处理到 Y 老师这个程度时，或许她跌跌撞撞的一天就变成一道亮丽的风景。

　　有用的知识让人活着，而无用的诗让人活得更美。有的教师只是教知识，有的教师却将生活教成了诗。

第三辑　教科研到底是什么

思考
36 教科研到底是什么？

说起教科研，不少领导、教师的态度或许有点不太明朗，虽然每次报告、讲话中都特别强调"科研兴教""科研兴校"，可是在升学率导向依然难以根本扭转的语境下，教科研多少有些阳春白雪，有些不太实用。对于广大一线教师，教科研又有点让人既有所求，又有些怵。所求的是，不管真重视还是假重视，各种与教师切身利益密切相关的创建、评审，都赫然列出教科研专项，看起来不做教科研还不行；所怵的是，说到教科研，要么是国字头、省字头的各种课题，要么是这个"杯"那个"杯"的论文获奖，有的还需要省级、国家级、核心期刊论文发表。至于国家、省、市一级的教科研成果奖之类，更显得可望而不可即。

也许正是领导这种不太明朗的态度，教师这种既有所求又有所怵的心态，导致一个时期以来，教育系统上下取消论文写作、淡化课题研究，乃至取消教科研管理的呼声日益高涨，并且给出一个颇有说服力的理由："重视教师教学实绩。"

这就带来一个或者说一系列问题：领导对教科研出不了实绩的顾虑和教师对教科研的"怵"，到底是科研本身的问题还是人的问题？再进一步，即使要"重视教学实绩"，这实绩从何而来，需要科研支撑吗？或者也可以退一步反问，过多过滥的论文与课题固然助长了形式主义与泡沫化，但这是不是论文与课题本身之错？取消了论文评审与课题研究，我们的学校就真的能轻装前进了吗？都说当前学校、教师的负担重，但加重教师不必要负担的究竟是不是教科研？

提出这些问题貌似有些抬杠，也不必追求具体答案。它只是促使我们更理性地思考教育发展、学校办学和教科研工作。那种抓住一点不及其余，甚至一棍子打死的做法，不是实事求是的作风，至少不是值得欣赏的思维品质。

抛开论文、课题、成果评审的外表，教科研到底是什么？专家、权威部门给出了大同小异的答案，这里不作赘述。对于一线教师而言，或许我们不必忙着追问教科研是什么，而应该先弄清楚教科研不是什么：

1. 教科研其实没有那么"神秘"。在一般人看来，做教科研工作必须满腹经纶，引经据典，信手拈来；必须有一双鹰一样的眼睛，见人之所未见，察人之所难察。而要做科研工作，自然要板凳坐得十年冷，埋首书桌，奋笔疾书。当然，教师多读书、多观察，自然是多多益善，但这并不意味着读书不太多甚至读得少的人就不能做研究，研究不出成果来。尤其是教师的科研更多的是对课堂教学技术、细节的改进与反思，哪怕是一句话、一个动作，都可能有研究的必要，体现研究的价值。事实上，我们学校就活跃着一大批"田野"中的草根研究派，他们给课堂带来生机，为学校带来发展，更促进学生的成长。

2. 教科研其实没有那么"高大上"。一说到教科研，不少人立刻想到的人，要么是夸美纽斯、杜威、加德纳，要么是陶行知、陈鹤琴，最起码也是顾明远、叶澜、朱永新……立刻想到的景象，要么是著作等身、论见高远，要么是成果斐然、层次高大。事实上，当下确实有一批这样的所谓科研"专家"，带着诸多"国家级"成果的名片，行走于教育江湖。必须强调的是，没有那些真正在历史上留下印记的著名教育理论家、教育实践家，就不会有教育的今天；没有那些让人们学习、思考、批判的教育理论、个人见解，就不会有一些教育者的成长。但是，我们也必须看到，教科研中有高大上的成分，并不意味着全都是高大上！我认识的一位小学教师，就试图通过作业的"颜色革命"，激发学生的学习兴趣；还有一位教师，则是希望通过将学生带到田地里去朗读、背诵，提高阅读能力。即使像苏霍姆林斯基、陶行知这样的大家，也是从讲台上跌打滚爬出来的。有网友揶揄名人高晓松的名字为"矮大紧"，其实高大上的教科研也可以做得"低小下"。而且，唯其"低小下"，教科研才能做得更接地气、更有效。

3. 教科研其实没有那么"苦逼"。很多人"怵"教科研，很大程度上是怕读书苦，做资源整理、数据收集、实验观察苦，填写各种表格、进行论文写作苦。说起来，这还真有点儿苦。但就科研本身而言，特别是就一线教师的科研而言，其实更多的是实践的改进和细节的优化。这几年，镇江市教科所在科研管理上比较大的改进就是变原来一年两次的高大上的论文评审为上半年的"教育故事"评审和下半年的论文评审，目的是要引导广大教师讲好自己的科研故事，发现细节中的效率与快乐。而且，做研究过程虽苦，但每有所得，常有"欣然忘食"之乐。也许，这也是一种"苦中作乐"的人生境界吧。

教科研没有那么"神秘""高大上"，也没有那么"苦逼"，那它究竟是什么呢？

第一，它是一种"爱琢磨"的兴趣。无趣不成学，法布尔爱琢磨小虫子，他成了科学家；陈鹤琴爱琢磨儿童，他成了教育家。要做教科研，首先要对自己的工作、自己的工作对象充满"琢磨"的兴趣，先"琢磨"，再"咀嚼"，再"回味"，自然便会形成研究的习惯。

第二，它是一种"爱发现"的观察。从事教科研工作，确实需要一双敏锐的眼睛，透过熟视无睹的课堂或学生活动，发现某种不经意的闪光点，或容易被忽视的种种现象。比如，为什么有些教师总爱找举手多的学生回答问题？为什么学生给出的答案和事先的预设不一样？……观察到这些细节，实际上就相当于打开了研究的窗口。

第三，它是一种"爱提问"的思维。有些教师也发现了课堂细节，但就停留在发现上，可是有些教师却就此产生"钻牛角尖"的韧劲，一连串提出"为什么""怎么办"之类的问题，要么自己寻找答案，要么通过学习或者讨论寻找答案，更多的是投身实践寻找答案。这说到底就是一种科研的思维方式，或者是一种具备了研究气质的思维品质。

第四，它是一种"爱优化"的行动。会研究、善研究的教师，不会止于"琢磨""发现""提问"。他会基于这些兴趣、观察和思维，立足自己或他人的实践，提出相应设计，探索相关路径，采取相应举措，并付诸实实在在的行动。其目的只有一个，即改变现状，优化成效。一次不成功，再增加变量，重新行动；两次不成功，再有第三次、第四次……即使最后都未能达到理想的成功，却改变、丰富了自我，这何尝不是另一个方面的成功？

"爱琢磨"的兴趣、"爱发现"的观察、"爱提问"的思维、"爱优化"的行动,说到底是一种不满足于现状的"爱折腾"的态度,更是一种注重细节、追求美好、完善人生的习惯。这习惯伴随教师,他才会行稳致远,发现价值,并不断体悟职业与生命的精彩。

思考 37 教科室主任的角色

有一种现象，暂时很难对其作出准确的判断。不少学校在推行"精兵简政""扁平化管理"的过程中，难免要撤并一些处室，精简一些中层干部，首先就是学校的教科室和教科室主任。理由很简单，相比教务处，教科室显得务虚了些；相比德育处，教科室又不是直接关乎学生核心价值观培育的；至于总务处、办公室更不能撤，撤了它们，谁来做后勤服务，谁来写报告、整理材料？

虽说是精简了教科室，减少了中层干部职数，但校长明白教科研的重要性，一般会在教导处或办公室指派一位主任分管教科研工作。因此，即使在撤并了教科室的学校，教科室主任这一岗位及其职责依然是存在的。

既然教科室主任的岗位和职责依然存在，有一个问题就无法回避，即：教科室主任到底是一种怎样的存在，究竟是一种什么样的角色？

第一，教科室主任不应该是一种"安慰型"的角色。虽说"革命工作只有分工不同，没有高低贵贱之分"，但在现实的学校管理中，校长其实心里是"有谱"的。一般来说，教务处主任事关学校课程课务，更事关考试质量，需要年富力强的同志担任；德育处主任要开展各种各样的活动，需要机智灵活的同志担任。至于教科室主任，相比教务处，工作没有那么急迫；相比德育处，活动没有那么多，基本上是属于学校的二线岗位。所以，常常用来照顾一些"老同志"。于是，我们发现，经过学校中层改选，那些从教务处、办公室、德育处一线"退"下来的老主任，纷纷重新上岗，担任了教科室主任。这实际上是把教科室主任当成学校的一种荣誉职务，属于"安慰型"的、"过渡型"的安排。当然，不是说这些同志不能担任教科室主任，问题的关键在于，我们到底如何对待教科研的工作。学校是一个大系统，是一个有机的组织团队，不同岗位的工作性质各有不同，却都是为学校这个有机体的良性运转作贡献。因此，事实上很难区分何为一线，何为二线，这种"安慰型"的教科室主任，不要也罢。

第二，教科室主任不应该是一种"安置型"的角色。与选择一些二线"老"干部担任类似荣誉职务的教科室主任不同，在另外一些学校，教科室主任虽然也由相对年轻的教师担任，但这样的岗位实际上并不完全是因岗找人、因人适岗，而是学校在人力资源配置上有一些难以言表的苦衷。比如，学校要提拔一个年轻同志到中层来，如果这个同志各方面都出类拔萃，群众公认度也高，相对来说，干部的任命与工作的开展就会比较顺利。但是客观上，学校是人才相对集中的地方，对于年龄、学历、贡献、影响差不多的人，实际上有一种"大哥不要说二哥，生意买卖差不多"的现象。这就使校长在任用干部时有一种顾虑，驱使领导班子采取某种折中策略。比如，选择A担任教务处或德育处主任，往往会作为补偿，选择B担任教科室主任。这样的教科室主任不是在实际工作中干出来的，也不是在几个教师的实力比拼中"竞"出来的，而是某种意义上"平衡"出来的，是一种变相乃至不得已因人设岗的"安置"。这样做未必能达到平衡的目的，因为被安置的人不是傻子，多少也能体会到其中的意味。这样的同志，即使走上教科室岗位，恐怕也难以淡定、从容地开展工作。

第三，教科室主任应该是"安插型"的角色。既然教科室主任不该是"安慰型"的，也不能是"安置型"的，那应该是什么样的？小时候看过一本关于我党地下党员的小人书，具体故事、人物忘记了，但对书名依然印象深刻，叫《战斗在敌人心脏里》。后来，还有类似的电影《保密局的枪声》《与魔鬼打交道的人》，反映的都是地下尖兵插入敌人的关键部位，为最后的胜利作出巨大的贡献和牺牲。举这样的例子来比况学校，肯定不太恰当。毕竟学校不是"保密局"，校长更不是"敌人"或"魔鬼"，但这里想表达的意思是，教科室主任要像地下党员插入特殊岗位一样，"安插"在学校教科研组织管理的重要岗位上。相对校长而言，他应该是学校发展的参谋官和战略顾问，在事关学校在哪里、去哪里、怎么去等至关重要的问题上，提供建设性、学术性建议；相对其他教师而言，他应该是教师专业进阶与发展的积极推手和伙伴，在类似申报课题、提交论文等工作中，尽心尽力为教师服务；

在如何进行课题研究、论文写作等方面,聚集各方面资源,为教师提供尽可能有效的支持;更要在如何提高教学效益、建构校本课程等方面,与教师一起进行深入的追问、探索与实践。他应该像地下党员一样,平时在平凡的工作岗位上默默耕耘,在学校和教师需要时却能挺身而出。这就是一种"安插型"的形象。

　　谢绝"安慰",摒弃"安置",做一个"安插型"的教科室主任。说到底,教科室主任本就是教师中的一员,他不为做官,也不为扬名,只为彰显科研的价值,为实现一名教师、人师的自身价值。

思考 38 课题是教师素养提升之道

课题研究是学校内涵发展的重要标志，更是学校教科研工作的重要抓手和载体。进行课题研究，就必然集中一段或长或短的时间，集合一批或多或少的教师，投身于选题、调研、探究、建构、反思、尝试、创新、评价等一系列工作，需要占用课题研究者大量的时间和精力。如果能够对实践真正起到推动、指导作用，固然皆大欢喜；即使能够应付教科研管理部门的日常课题管理和结题考核，也让人如释重负；可怕的是，做了很多工作，课题申报书上填写了很多或大或小的预期目标，加上许多参与者的名字，但最后却不了了之，或者找个时间，找些专家，匆匆结题了事，就让人有一种得不偿失的感觉。而这正是当下不少校长、教师质疑乃至批评课题研究有效性甚至必要性的重要证据及理由之所在，也成了一些激进人士主张取消课题研究及评审的理由之一。

问题的症结似乎又回到起点：到底要不要进行课题研究？对这个问题的回答，专家说了不算，领导说了不算，只有教师自己说了才算。毕竟，任何课题研究最终要通过教师的实践和思考来推进与深化。

那么，现实中教师和学校对待课题研究的态度究竟表现得如何呢？我以为大致呈现这样四种情形：

一是负担"逼迫"型的。对学校而言，学校的目标责任状考核有课题研究的条目，学期督导有课题研究的项目，这"逼着"校长重视课题研究工作，想方设法申报各层次的课题；对教师而言，各种职称评审，拔尖人才培养，都离不开课题研究的要素，有的还有层次、级别的规定。这样哪怕是教师为了自身的利益，也要千方百计申报一个课题。说到底，课题研究对于学校和教师而言，本质上是源于外在的负担，而非内在的需要。

二是门面"装点"型的。学校要升档晋位，教师要专业提升，都需要扩大自身的影响力、美誉度，于是在学校办学的方方面面展开激烈的争夺战：从考试质量到课程基地，从举办现场会到争得各种奖牌，从课题级别到科研成果获奖层次，有形的、刚性的竞争固然"刀光剑影"，无形的、柔性的竞争也是"寸土不让"。课题研究大概就属于这种柔性的竞争，有了一定层次和级别的课题，就意味着学校有内涵、品位高，就代表着教师的学术地位高。而这些"门面"的背后，还会有各种看得见、看不见的利益……

三是问题解决型的。某种意义上，与其说教育是可以客观测量的"科学"，不如说是因人而异的"艺术"。这就给学校和教师的各显神通发出召唤，也提供了可能。事实上，无论是教育教学还是日常管理，尤其是学生和教师的个性发展，教育的方方面面无不充满新鲜感、挑战性和风险性。既要有"记住了不可多说一句话，不可多走一步路"的林黛玉式的谨慎，也要有"给我一个支点，我将撬动地球"的阿基米德式的理性，还要有"石油工人一声吼，地球也要抖三抖"的王进喜式的激情，或许还要有"我不下地狱谁下地狱"的佛性牺牲。特别是在当下社会的深度转型期，技术的飞速发展期，必然推动教育进入某种程度上的"发展焦虑期"，太多的问题或者一一呈现，或者彼此交织，既对课题研究发出强烈需求，更提供了广阔的可能。学校和教师就此聚焦实际问题，坚持问题导向，着眼其中一点或几点，既立足现实又戮力创新，使实践的超越和思维、理论的进步成为可能。换言之，问题解决的过程便成为课题研究的过程。而问题的解决，或局部解决之日，也就顺理成章成为真正的课题结题之时。

四是兴趣引领型的。在各式各样课题研究的学校和教师中，总有一些学校和教师，不仅着眼于问题的聚焦，更将课题研究作为一种办学常态和人生趣味。他们善于捕捉实践中的灵感，乐于推敲、咀嚼细节的异同，精于追求点滴的改良或者改进。在这些校长和教师心中，科研不只成为一种习惯，更成为一种人生乐趣。正是这种人生乐趣，推动着研究目标的形成，并以此引领教师的职业生涯和专业生活，在不断推动问题解决的同时，也推动着人生境界和生命质量的不断提升。

四种情形的课题研究，仿佛就是四种不一样的人生态度和生活方式。这样看起来，表面上看，课题研究是为了学校和学生的发展，说到底还是为了研究者自己的丰富和提升。时下流行一种理念，就是教育都是为了学生核心素养的培育。学生的核心素养从哪里来？有一个路径恐怕绝不能否认，就是没有教师素养的提升，根本不会有学生素养的发展。课题研究既直接为学生素养培养服务，又成为教师素养提升之道。比如，要做课题研究，就必须进行资料文献的整理与收集，这就培养了教师的学习意识，潜移默化中更新了教师的教育理念；要做课题研究，就必须进行问题的发现、筛选、分类，这就更新了教师的思维方式；要做课题研究，就必须进行整体架构，推动问题的针对性解决，并进行适时适宜的评价，这就提升了教师的实践能力。无论是学习意识还是教育理念，无论是思维方式还是实践能力，都是教师核心素养的重要组成部分，是学生核心素养的基本要求。

  课题研究是教育质量提升之道，但首先是教师素养提升之道。理解了这一点，现实中负担"逼迫"型、门面"装点"型的课题研究就会少一些，而问题解决型、兴趣引领型的课题研究就会多一些。道理虽然浅显直白，却可以让我们的课题研究更接地气，更具实效。

思考 39 "草根"科研发生的样子

对大多数人而言，说到教师科研，大概第一时间涌上心头的就是论文课题迭出、成果获奖连连的样子，要么就是正襟危坐、搜词觅句的样子。当然，这样做有这样做的道理，也有其存在价值。但是，现实中的教师科研不完全是这样的，而是更常见得多，丰富得多，也生动得多。

比如，一名刚入职的新教师，第一节课走到教室门口，不被人察觉地偷吁一口气，然后转身，推门……那不一定是害怕，实际上是在研究该怎样迈出职业人生的第一步，该怎样对学生说出讲台生涯的第一句话……

又如，一次大考或哪怕是一次普通的月考之后，一位老教师去找教务处主任或主管校长，争辩班级平均分的毫厘高低。可别只把这教师想成是斤斤计较，甚至是片面追求升学率，也许他是在研究教学评价方法的改革……

再如，在某次教师集会上，校长刚一宣布一项新的绩效考核方案或日常考勤制度，台下立刻爆发出教师三三两两彼此议论的声音。这未必是他们刻意违反会议纪律，而是在研究如何让学校的管理更公开、更透明、更公平。

如此说来，科研的习惯与能力几乎是人人具备、与生俱来的。正是从这个意义上，我们才认为，教师科研从来不是某些专家、名师的专利，每位教师天然是教育研究的当然主体。尽管这种研究未免片段化、零散化、个别化，更多地呈现出草根化的特点，但谁能否认这些研究的价值？又有哪些重大科研成果不是从草根起步的？人皆可以为尧舜，这正是我们倡导草根科研、推动草根科研真实发生的根本原因。说到底，如果我们暂时还等不来教师自觉从事高大上研究的理想局面，就只能积极推动并科学引导教师的草根科研不断发生，进而走向深入。

对广大教师而言，如何让草根科研真实发生呢？或者说，草根科研的发生有什么样的显性特征呢？结合对草根研究"达人"的观察，大概有这样几个"一"。

一是"眼睛一亮"与"耳朵一动"。就是说，善于研究的教师，一定有一双善于发现的眼睛和善于倾听的耳朵。比如，课堂正在进行中，突然发现有位学生的行为与预设出现差异，甚至还别出新意；或者在学生回答问题或课堂交流讨论时，突然听到有学生发出不一样的声音，得出不一样的结论。眼睛一亮或耳朵一动中，体现了对细节的积极关注与对问题的高度敏感。这正是一种极其可贵的研究习惯。

二是"眉头一皱"与"心头一紧"。这其实是与"眼睛一亮""耳朵一动"自然相连的。源于眼睛的发现和耳朵的倾听，教师自然产生基于自我经验和观念的应对性反应。有的反应即时表现为行动，或表扬，或批评，或深度追问；有的反应暂时尚未表现为行动，但一定在大脑空间产生或深或浅的印记。这就是俗话所说的"眉头一皱，计上心来"，也可以是"心头一紧，留下沟回"。其实，这是一种问题意识的油然而生。

三是"转念一想"与"大脑一沉"。如果说"眼睛一亮""耳朵一动"是草根研究的第一反应，"眉头一皱""心头一紧"是草根研究的基本反应，那么，接下来研究必然呈现以下三条路径："宽"，即思维拓展；"深"，即问题深化；"回"，即否定超越。这就是大脑进入深度思考、思想进入多元沉思的阶段。某种意义上说，"转念一想"与"大脑一沉"，正是从草根科研走向自觉科研的关键转折点。

四是"手头一改"与"脚下一变"。教师基于观察和发现，作出或出于惯性或出于创新的以及更宽、更深、更超越的反应，最终总要表现为行动的改变。这里的"手头一改"与"脚下一变"，其实就是强调，至少从实践理性看，任何教师科研总要表现为操作路径的改变和教师行走方式的优化。一个难以指导实践、难以取得实效的科研，大概更多地只具有个人发展的价值与意义。

五是"笔头一勤"与"口头一说"。科研的根本价值在于实践，必须体现在文本的呈现和课题的聚焦上。这并不完全是为了评职称、报成果等功利性目的。事实上，"笔头一勤"将瞬间的灵感记下来，"口头一说"将研究的成果总结、发表、传播出来，本质上是促进教师科研进一步从自发性、碎片化走向系统化、完善化的自然要求,是提升教师科研能力的有效之路。

这十个"一"是观察、探究、反思、实践、提炼、提升、传播等研究要素的应然逻辑,也是一种自然路径。一线教师从事草根科研,从最适切的点进入,向着最可接近的目标接近。这大概就是草根科研发生的样子,也是研究习惯改变与培养的样子,还是学校生态建构与优化的样子,更是教师职业与人生价值实现和增值的样子……

思考 40　从准确定位开始：改变学校科研生态

不管口号上喊得多么高大上，甚至不管一些学校在一定时期内取得了多么高大上的科研成果，基层学校的教科研"处于边缘，浮于表面，限于小众，难于推广"的尴尬依然是一种不可忽视的现实。这一现实既是学校发展必须攻克的难关，也是一线学校教科研工作者必须尽快解决的难题。毕竟从某种程度上说，这样的问题得到哪怕点滴的改进，都代表着教科研干部自身的实践价值和应有的工作尊严。

研究当下学校科研问题，恐怕有两点必须引起高度关注。一是切口过于狭小，仅限于对照上级的要求，甚至评职称、督导过关的需要，满足于教师写论文、报课题，当然这些都是必要的。但仅局限于此，又会导致为写论文而写论文、为做课题而做课题的现象，忘记论文、课题背后的研究本质。二是目标过于功利，就是奔着得奖而去。一段时间，学校集中各方面力量，要么着眼于一个流行的教育理论，要么创生一个吸引眼球的时尚名词，找一些专家学者帮忙，整理出一系列成果佐证，争取在相关评比中争得一席之地。事实上，学校科研要得到承认与推广，争取获奖当然是有效路径之一，但如果只是为了得奖而得奖，就会背离科研的宗旨，到最后劳民伤财一场空。

且不要急于批评上述两种现象，我们先来还原这两种现象背后的思维逻辑——抛开功利性的追求不谈，校长和教师重视论文和课题的背后，本质到底是什么？我想，他们本质上还是在尊重科研的基础性价值。校长和教师学习、引用流行教育理论与时尚名词的背后，本质又是什么？我想，他们本质上还是在注重理论学习与实践探索。这样看起来，现实中绝大多数学校和教师的教科研之所以出现"处于边缘，浮于表面，限于小众，难于推广"的现象，倒不是因为他们天生功利、人格有缺陷，而是在实践定位和路径选择上出了问题。换言之，这更多的不是道德问题，而是技术问题。对此，切不可站在道德高地或以学术权威将其一棍子打死，一股脑儿挫伤基层本就不太高的教科研积极性。

如此说来，学校和教师对教科研工作的定位，就成了一把改变现状的锁钥，成为推动工作的一块"敲门砖"。那么，学校和教师的教科研应该如何定位呢？结合实践观察，我的体会就是六个字：打基础，向未来。

所谓"打基础"，就是要切实营造学校的科研氛围，着力提高教师的科学素养。这包括两点：

一是夯实基石。学校要确立鲜明的科研导向，无论是制定规划、完善制度，还是推行改革、出台举措，都要坚决杜绝个人意志拍脑袋、盲目跟风花架子，扎扎实实优化科研兴校的氛围；教师要进一步树立学习意识、问题意识和创造意识，使学习内化、观察发现、探究尝试、改进创造逐渐成为个人的工作习惯乃至生活习惯。在此基础上，认真学习相关科研工作的规范性要求和技术，比如到底如何写论文，怎样做课题，等等。只有这样，才能真正在实践中确定课题的方向，在改革中写好研究论文。

二是回归本位。学校科研根本是为师生发展服务的。我们虽然不排除一些教师可以做更高级的理论研究与战略研究，但对绝大多数教师而言，我们做的主要是实践研究、行动研究。所以，行动为研究之本，应该成为学校科研的基本信条。对此，要着力突出课堂本位，善于从课堂的准备、目标、组织、活动等最基本的维度研究改进与改革的策略，务求课堂效益与效率的"双兼顾、双提高"；着力突出课程本位，善于从学生的生活背景和学习资源中研究教育的契机与通道，通过适切性、参与性、多样性的课程建构和活动，于潜移默化中促进学生发展。归根到底，要着力突出学习本位，善于根据当前教育从"为教而学"向"为学而教"转型的根本性趋势，着力研究学生学习的"类本质"和个性化，促进每个学生学习有效、积极地发生。只有努力让自己成为研究学习的专家，才能最后成为真正的教育专家。

所谓向未来，就是进一步拓宽学校办学格局，拓展教师育人的视野，使学校的教育教学工作不断跟上时代前进的脚步，进而引领时代发展。这也包括两点：

一是善于站在明天的角度改变今天。教育总是随着时代不断向前的。教育的变化从来不是急风暴雨式的，不是"忽如一夜春风来，千树万树梨花开"的，但也绝不是裹足不前、食古不化的。守好今天的大门，向着明天一步一个脚印地前行，是当前学校科研必须解决的问题。比如，前几年炙手可热的"翻转课堂"，近来又成时尚的STEM、STEAM课程，就是一把"光芒闪烁"的"双刃剑"，与现实嫁接得好，事半功倍，有利于师生长远发展。但稍有不慎，便会落入形式主义、假大空的窠臼。

二是善于通过技术前沿走向明天。教育部教育科技发展中心李志民主任讲过一个城市公共自行车布局的案例，指出用常规的统计法计算某个道路或小区的公共自行车投放量，是从今天走向明天；而共享单车的出现，则是用互联网思维初步解决一个当下的问题。纵观当前的学校发展和教师教学，表面上看，传统的手段、办法依然占主导性力量，并且通过自身的完善依然显示出其实践的必要性和生命力。但以互联网+人工智能为代表的新技术革命，正在不断渗透到教育领域，必然改变教师的工作，不谋全局者不足谋一域，不谋长远者不足谋一时。学校科研要敢于、善于在前沿革命上投放力量，既不哗众取宠，又不流于作秀，以点带面地推动教科研实践走向深入，推动学校和教师发展走向明天。

打基础，说到底是要求学校和教师"向后看""向下看"；向未来，说到底是要求学校和教师"向前看""向上看"。唯其如此，学校的科研才能真正做到既"瞻前顾后"又"承上启下"，走出"处于边缘，浮于表面，限于小众，难于推广"的尴尬境地。

思考 41 从准确定位开始：重塑区域教科研管理者的形象

一般来说，不管是否保留教科所、教科室这些部门设置，无论是一个市还是一个县、区，总会保留专门的教科研管理部门，设有专门的教科研管理者。限于编制管理，专职教科研人员一般人数很少，工作量很大；而限于工作性质，教科员与教研员的专业形象更是有不小的区别。比如，教科员更多地负责课题申报、管理，从事论文征集与评审，等等，因而显得与学校一线联系得不那么紧密，与一线教师的关系更显得比较单一。

但是既然教育离不开教科研，既然教育实践赋予了教科研管理人员应有的职责，教科员就不能只满足于待在书斋里，就不能等着现成的论文和课题报上来，而是要主动深入学校基层，深入一线教师之中，在鲜活的实践中发现研究的课题，寻找指导论文的灵感。更何况，教科员本身并不是高高在上的所谓专家，也有专业发展与提升的问题。换言之，为了扎实推动区域教科研工作的深入开展，教科研人员必须首先明确自己的工作定位，重塑专业形象。

那么，作为区域教科研管理人员，其基本的角色定位应该是怎样的呢？我以为，首先，教科员不是领导者，而是和教师一样，是实践的耕耘者；其次，教科员不是专家，而是和教师一样，是发现问题、研究问题、解决问题的伙伴；再次，教科员不应该是就事论事的机械的事务管理者，而应该是教育教学或学校管理某一方面的引领者。作为耕耘者，他必须主动深入基层；作为教师的伙伴，他必须主动服务一线；作为教师的引领者，他必须带头提升专业。

基于这种角色定位的进一步明确，结合区域教科研工作的特点，我想，重塑区域教科研管理者形象可有以下四方面的行动。

一是一人负责一个区域（片区）。针对编制紧张、人员较少的特点，充分发挥每一名教科员的主观能动性，在负责一个区域或片区教科研工作的同时，自然而然地增强其工作责任感、使命感，便于其充分了解区域教科研总体情况，统筹安排相关科研管理与重点推进工作。

二是一人蹲点一个学校。如果说负责一个区域是明确了教科员的工作范围，那么蹲点一个学校就是让其工作更接地气，更有的放矢。饭要一口一口地吃，萝卜要一段一段地洗，区域教科研的发展要一个学校一个学校地进步。教科员蹲点一个具体学校，参与学校全部教科研规划、管理、组织与实践，于学校而言，等于多了一个生力军；于教科员自己而言，等于多了一个实践的平台，多了一次证明自己、发展自己的机会。

三是一人牵头一个课题。实践证明，教育发展做假课题不行，不做课题恐怕也不行。但平心而论，学校和一线教师的日常工作已经够烦够累了，除了极少数有研究兴趣或研究天赋的教师，事实上绝大多数教师很难有足够的时间和精力从事严谨、创造性的课题研究工作，尽管这对学校发展和教师专业提升至关重要。而且，鉴于课题研究有其相对严格的规范性要求，很多教师即使愿意做科研，也不知道怎么做。虽然我们每年也会作一些开题培训、主题报告等，但总不如有人手把手地带着做更有效。为此，教科员和一线教师共同牵头做一个课题，既可以推动实践进程，又可以让教科员在游泳中学会游泳，密切与教师的关系，真可谓一举多得。

四是一人带动一个团队。学校科研的发展，归根到底要靠教师科研意识、科研能力、科研素养的不断增强。事业的发展很难做到齐步走，但必须有人先走起来。为此，针对不同教师的科研需求，作好分类引领，形成殊途同归的教师科研团队、专业发展团队，就显得非常重要。近年来，镇江市教科所先后组建"青年教师成长接力团"，侧重对工作1—5年青年教师科研规范的培养；"骨干教师科研教练团"侧重鼓励中青年骨干既带头从事教科研工作，又承担起指导、培训更多教师的职责；"特级教师讲师团"侧重充分发挥名师的辐射、引领作用，受到基层学校和教师的欢迎。教科员在带领、服务这些教师团队工作的同时，一方面提高了教科研工作的职业价值感，另一方面更促进了自身的专业发展。

一人负责一个区域（片区），一人蹲点一个学校，一人牵头一个课题，一人带动一个团队，表面上看都好像是不起眼的工作，但从本质上看，却代表着教科研工作定位的转变，代表着教科研管理人员角色定位的转变，体现着教科研部门小单位、大作为、实成效的价值追求。尽管这"四个一"还显得过于细小，但滴水成河，粒米成箩，假以时日，必将是一片丰收景象……

思考 42 开题并非研究的开始

说到课题研究，基本上总要经过申报、开题、研究、结题、推广几个阶段。一般而言，很多学校和教师很重视开题工作，往往要准备一个仪式，请一些专家，作一些宣传，相当于学校教科研工作的一个宣示，表明课题研究的正式开始。当然，这样的开题是有必要的，起码它代表了对科研的重视，专家的指导也有利于后续研究的正常开展。

但必须说明的是，无论是对学校还是教师，无论是集体课题还是个人课题，研究其实并非始于开题。

首先，课题研究对象的形成一定是始于开题前的实践或学习。人们常说，问题就是课题，其意思是指，研究者在自己亲身实践或观察他人实践，或对相关经验与理论的学习反思中，自觉不自觉地遭遇到问题，并且捕捉到了问题，同时又产生了揣摩乃至解决这个问题的浓厚兴趣，于是，研究便悄然产生。从这个意义上说，研究与其说是始于开题，不如说是始于研究者早前问题发现的敏感和问题追问的兴趣。

其次，课题研究主题的筛选一定始于开题前的比较与反思。限于问题发现者自身的阅历、经验，一开始捕捉的问题往往是宽泛的、多样的，甚至是杂乱的。要想使之真正成为研究课题，必须经过一系列的比较、筛选工作，找准一个具体的切口，在貌似繁难的挑战中选定一个自己最有兴趣、最有可能突破的抓手。换言之，对一般的教科研而言，我们不是为了研究一个问题而进行课题研究，而是经过深入、反复的思考，选准一个最适合自己的课题进行研究。这也许正是不少教科研专家一再强调选题的重要性，乃至关键词确定的重要性的原因之一。

再次，课题研究相关文献资料的收集整理一定始于开题前的搜索与启迪。很多教师在填写课题申报书或撰写开题报告时，往往比较怵"相关文献"和"国内外研究趋势"这两项内容，认为我们做的是实际问题的研究，整理这些资料没什么意义，而且限于时间和条件，也难以探究国内外研究趋势。其实不然。要回答这一问题，恐怕必须回到另一个更为根本的问题：我们为什么做课题？我想，真的不是为了结题，甚至不是为了解决问题。其本质上在于培养一所学校、一名教师研究的习惯。什么是一名教师或一所学校的研究习惯？说到底是一种善于学习的习惯，一种科学思维的习惯。无论是文献整理还是趋势发现，其宗旨固然是为了确立问题的有效解决，但根本上是为了培养我们的学习习惯和思维习惯。带着问题进行深入、完整的文献整理和趋势探究，其实就是一次深度的二次学习，也是一次对自己课题选题及研究路径的有益启迪与借鉴。这不仅可以帮助我们少走弯路，少做无用功，更可以在整理与探究过程中产生新的灵感，进一步丰富课题研究。有了这样良好的研究习惯或研究气质，即使申报课题不成功，即使课题研究不成功，一定也会有利于自己工作的开展，有利于下一个课题研究的深入，甚至有利于研究者自身素养的潜移默化的提升。这大概就是古人所谓"我注六经，六经注我"的道理吧。

最后，课题研究重点与路径的确定，课题研究成果的预期，一定始于开题前的规划与设想。科学研究说到底就是一个从一个个假设到不断验证的过程。教科研工作有一句"行话"，就是"开题时就要想到结题"，说的正是从课题确立的那刻起，就要对研究的结构与框架、组织与路径、目标与评价乃至具体细节，有一个相对清晰的预设，有一条相对可行的脉络。虽说随着研究的深入会出现新的甚至是重大的调整，但一般而言，由于教师科研的选题切口相对较小，操作比较具体，所以，清晰的脉络与预设一定会有助于研究的不断推进。这些规划与预设一定是早于开题仪式的。就此而言，课题研究也就真正有了"成竹在胸"的意思。

开题并非研究的开始。发现问题—筛选问题—资料比较—路径与目标假设，这几个方面构成课题开题前的一条思维链条。它是课题研究的重要组成部分，甚至是远比开题仪式更重要的基础性工作。

思考 43 走出"怪循环"

矛盾无处不在，纠结如影随形。做学校科研工作大概也是如此：一方面，教师科研归根到底必须坚持实践指向，落到"草根"实处；另一方面，必须坚持理论导向，通过相关课题，使研究层次和教师的研究素养不断提升。于是，申报课题、研究课题、验收课题，就成为不少学校体现科研存在的一个重要标志，但也成为影响一线教师科研积极性的"拦路虎"。说到底，不少教师不仅不会做课题，也确实没有时间做课题。这样客观上便导致一些学校出现某种课题研究的"怪循环"：开题时轰轰烈烈，过程中冷冷清清，结题时拼拼凑凑。

"开题时轰轰烈烈"，虽有形式主义走过场的嫌疑，但总体上还是需要的。毕竟，申报一项市级、省级乃至更高级别的课题不容易，必须通过某种形式、仪式宣示对科研的重视，明确课题的探究目标。

"过程中冷冷清清"，其实是指课题研究过程的虚空化。这很难用懒惰、虚假等"帽子"武断地批评学校和教师，因为很可能教师平时的工作压力就非常大，学校平时要应付的工作就非常多，而课题研究作为一项"软任务"，较之一些创建、考试之类的"硬任务"，总是要让一让路的。

"结题时拼拼凑凑"，说的是被动结题，以完成当初目标任务的一种被动、对付的尴尬。正因为"过程中冷冷清清"，不作为、少作为，要么导致课题研究"流产"，要么只能功利化地东拉西扯，拼凑应付。当某一课题终于"结题"之后，新的考核又提出新的要求。于是，再选题、再申报、再开题，再次陷入"昔日重来"的"怪循环"。

分析学校课题研究中出现的这种"怪循环"，其实与当前教育发展的整体学风有关。当然，也可以批评一些学校和教师在这方面的功利主义倾向。

但必须进一步思考的是，到底是什么助长了这样的功利主义？仅仅指责校长、教师的师德与学风，既不切合实际，更不公平公正。作为教科研管理与指导部门，可能还要更深切地反思自己是否需要进一步改进日常课题管理办法，着力优化对学校、教师的科研服务。

针对这一问题，早在好多年前，镇江市教科所就进行了深入的调研，结果发现，过去的课题管理往往停留在审核公示、中期检查、课题结题三个阶段性活动上，本身缺少过程性指导，更缺少推动学校、教师开展课题研究和展现点滴成果的平台。这样难免导致"过程中冷冷清清"，更难怪学校、教师在结题时要"拼拼凑凑"了。所以，出现学校课题研究的"怪循环"，从某种意义上说，问题表现在基层，但管理部门也脱不了干系。为此，我们出台两项改革。

一是开展"送教科研成果下基层"活动。即根据各校研究课题实际，选择主题相近或主题互补的3～5个相关课题，要求各校选出相应代表，落实"两个一"，即准备好一节课题观摩课，同时准备一个相关课题研究的"微讲座"；然后将几所学校的课和讲座集中在某一农村学校、基层学校展示、交流，再次落实"两个一"，即一节课一个专家点评，一个课题一个专家意见。伴随着"四个一"的落实，教师得到锻炼、展示的机会，学校有了课题研究的过程性资料，教科研管理部门更进一步走出书斋，密切了与一线教师的联系。"三方得益"的情况下，进一步浓厚了科研氛围，奠定了教科研工作不断走向深入的基础。

二是开展"教科研乡乡行"活动。即根据教科研发展不均衡、薄弱点在乡村的实际，组织全市教育科研精干力量，深入偏远乡村，每到一个乡镇，就集中该镇幼儿园、小学、初中相关校长、教师，开展课题会审、问题会商、成果会展，立足于细，立足于实。一个乡镇一个乡镇地落实，一个乡镇一个乡镇地搭建平台，不求立竿见影，但求久久为功。慢慢地，相信基层学校课题研究过程冷清、结题拼凑的现象会不断得到改变……

阿基米德当年预言，给他一个支点，他可以撬动地球。走出基层科研"怪循环"的出路究竟在哪里？做实、做优学校科研的支点究竟在哪里？埋怨与牢骚无济于事，只有务实、精准的改革，才可能是"点穴妙针""生花妙笔"。

思考 44 "少谈些主义"的草根科研及其背后

如果想让教师的科研真实发生,让更多的教师投身到草根科研中来,一条基本的经验或者信条,恐怕可以借用胡适先生的一句名言:少谈些主义,多研究些问题。

作为基层学校和一线教师,大家做的研究主要还是事关课堂改进、课程建构、师生关系等具体问题和方法策略,判断研究成效的标准不必是有多么高大上的高头讲章,而是实践路径的不断改进和实践成效的不断显现。事实上,一线教师对各种各样的教育理论,从认知主义到建构主义,从知识本体到人的本位,从人工智能到翻转课堂,要么觉得不接地气,离得甚远,要么觉得难以学习、消化。即使有些教师在论文、课题里引用了这样那样的理论,推介了这样那样的流派,很大程度上也不过是"囫囵吞枣",难求甚解,有的甚至只是用来"装点门面"而已。

为此,对绝大多数学校和教师而言,立足问题导向、实践导向,更多地从解决现实问题、细节问题入手探究新的路径与方法,应该成为学校草根科研的主渠道。从这个意义上说,"少谈些主义,多研究些问题"的草根科研,不仅有必要,而且有可能。

但是任何事物都是辩证的,都有一分为二看问题的必要。提倡一线教师草根科研聚焦问题、少谈些主义的背后,依然有些问题必须引起我们的深入思考。

一是"少谈些主义"是否不要"主义"?如果说研究问题代表的是科研的实践指向,那么研究主义代表的则是科研的理论指向,二者缺一不可。记得当年有一部电影叫《决裂》,讲的是一群共产主义劳动大学的学生主张在生产一线学会为牛马羊治病,而置大学教授讲动物解剖理论于不顾,于是空留下由葛优父亲葛存壮扮演的教授一个人在讲台上空讲"马尾巴的功能"。现在看来,大学生面向一线没有错,但离开理论的指导就走向另一个极端。当前学校教科研实践中,也确实存在两种倾向:一种是过于强调学理性,从一个理论到另一个理论,从一个主义到另一个主义,使本来面向实际问题的课题研究几乎成为堆砌各种辞藻的"名词大典";另一种则是过于强调操作性,反对一切理论指导,一谈到某种理论,就动辄讥讽为"掉书袋",最终必然陷入经验主义的泥淖。任何真正的科研都是理论与实践相结合的产物。我们提倡草根科研"少谈些主义",绝不意味着教科研可以离开科学理论的指导,更不意味着仅凭一腔热情和一己之经验就可以取得研究的成功。所以,我们可以明确回答的是:少谈些主义,绝不等于不要"主义"。

二是少谈些主义,那需要谈哪些"主义"呢?教师从事的是教书育人的工作,离不开各种与人的成长有关的理论的指导。我们反对空谈理论、空谈主义,却也需要不断提升自己的专业理论素养。那么,就一些教科研先进学校和教师的实践经验看,教师进行草根科研,起码需要什么样的"主义"指导,需要怎样的理论支撑呢?首先,毫无疑问,学校和教师必须坚持正确的政治方向,为此离不开马克思主义的统领与指引,尤其是要深入学习掌握习近平新时代中国特色社会主义思想,以此指导我们的各项工作。其次,学校和教师本质上是为了帮助与促进学生的学习,为此就离不开对各种学习理论和教育学、心理学理论的学习与消化,特别是既要立足现实,认真掌握认知理论的各种精髓,又要着眼新课改,切实掌握建构理论的各种精髓,同时还要注意吸纳"互联网+"时代各种新技术理论的精华。唯其如此,方能不断提升我们的专业定力。再次,学校和教师的工作,说到底是为了促进人的发展。为此,从更广的意义上讲,教师科研实践中要善于吸纳古今中外各种有关人的发展理论的优秀精华。比如,人类学、社会学、历史学、哲学、美学、现代科学等各种理论,以不断拓展我们研究的视域,开阔发展的胸襟。总之,科学的政治理论、丰富的专业理论和广博的人的发展理论,三方面共同构成指导教师科研工作的"主义库",彼此融合生长,指导着草根科研不断取得预期的成效,更指导着研究者专业素养的不断提升。

三是少谈些主义,最终会走向"多谈些主义"吗?在教师草根科研的起始阶段,立足校情、师情,主张教师更多地聚焦问题、聚焦实践,少谈些主义,是有存在的必要性和可行性的。但是,一方面,我们必须看到,在研究问题的时候,哪怕看起来微小的、方法性的问题,其背后都有理论价值,甚至其问题的解决还会带来理论的突破。比如,对一节课课堂目标设定的问题,就不仅关乎课堂技术,更关乎一个教师、一所学校乃至一个国家的"主义"追求,所以事实上,真正脱离理论指导的问题研究并不存在,多一些理论的武装总好过在经验的海洋中折腾。另一方面,我们更要看到,任何一个教师只要真正投身草根科研,其理论素养的提升就会伴随科研实践的不断深入而更加如影随形,其对理论的探究就会更加迫切,对理论的学习就会更加自觉,对理论的应用与检验就会更加常态化。简言之,我们既要看到真正离开"主义"的草根研究并不存在,更要看到随着时间的推移,教师对"主义"的求索必然会从无到有、从少到多。所以,相信教师一定会从"少谈些主义"的当初,走向"多谈些主义"的未来,并结合各自的实践谈好、谈精、谈实各种主义。

说一千,道一万,为了推动现实的教师草根科研,必须提倡教师"少谈些主义"。而真正的"少谈些主义",绝不等于不要"主义",绝不意味着不可以展望总有一天会"多谈些主义"。而当这一天真正到来的时候,一定是教师科研素养进一步提升的时候,一定是学校科研开枝散叶、开花结果的时候……

思考 45 课题结题"想"什么?

一个课题，不管是省、市级还是县区级，或者哪怕是校级的，经过一段时间的研究、探索，终归要进入结题阶段。不少教师戏称这一阶段是"十月怀胎，一朝分娩"，是要见真章、出成果的时候。

于是，课题组同仁分工协作，有的整理教师论文，有的收集上课证书，有的撰写结题报告，有的联络相关部门……然后，就是举办一个结题仪式，主持人读读报告，专家提出建议，领导表明态度，这一切都标志着课题总算结题了。

当然，从一般意义上讲，如果将一个课题仅仅当作一项任务，这样做是可以理解的，也是无可厚非的。毕竟，在这个社会总体走向浮躁的今天，这样按部就班地做课题，体现出一种难得甚至必须表扬的实实在在的工作态度与研究作风。

但是如果仅仅将结题工作停留于此，结题的价值将会大打折扣。课题研究过程中，大家付出的劳动很大程度上都将付诸东流。因为课题结题绝不仅仅是呈交一份结题报告、举办一个结题仪式那样简单，它是对研究主题的再思考，对研究路径的再反思，对研究成果的再评价，对下一步研究的再深入。从这个意义上说，在结题阶段，我们首先要考虑的恐怕不是单纯地"做"什么，而必须突出"想"什么。具体而言，就是对整个课题研究过程，从主题筛选、申报开题、研究过程等进行全方位的深入反思和追问。

那么，课题结题到底"想"什么呢？

一是要想当初的理解是否加深了。一个课题长则三五年，短则一两年，这期间教育总体形势、学校具体校情以及研究者个人的专业修养都会发生不同程度的变化。这些变化，必然会折射到一个具体的课题中来。比如，站在今天的角度审视当年申报的课题,其方向是否依然正确,主题是否鲜明?当初的思考是否依然有价值?只有站在今天的高度审视当年的选题与思考,才会真正促进研究的深入。

二是想当初的路子是否走对了。在课题起始阶段,一般会为解决问题提出一些思路与对策,也会在后续的实践与研究中作或大或小的调整,形成一系列解决问题的策略系统。尤其是中小学教师的课题大多是基于问题导向的实践性、操作性、草根性课题,更需要注重实践路径的探究。为此,结题之际,理所当然要反思课题研究的路径与解决问题的策略。对于反思后确认的路子必须坚持,这就是最大的研究成果。对于反思后认为没有价值的路子必须扬弃,这也是重要的研究成果,起码为下一问题的深入解决奠定不一样的基础。

三是想当初的问题是否转变了。时过境迁,时移世易。限于各种主客观条件,申报与开题时产生的问题和目标导向,到今天,有的问题依然还是问题,有的可能已不是问题,还有的或许已经发生了很大程度的转变。为此,结题阶段必须分析清楚,对于那些依然存在的问题是怎么解决的,对于那些已经不是问题的问题是如何处理的,关键是对那些已经发生了变化、转型的问题,到底应该持一种什么样的态度,采取一种什么样的策略。如果把一项课题研究比作一次耗时两三年、三五年的"命题作文",那么在结题阶段,就不能只想着交上一篇"旧题作文",还要准备一篇"新题作文"。

四是想当初的预想是否实现了。做课题研究的都知道一句"行话":开题时要想到结题时。这其实是从课题研究成果的预设倒逼研究的行为。结题总要有结题报告,有各种成果呈现。但是研究者在呈现各种物化的科研成果之前,首先要做的其实是一种思想上的"比对",即对照当下的实践,当初的种种预想是否真的实现了。对于已经实现了的,毫无疑问可视为研究成果。对于没有实现的,一方面要思考如何创造条件,加快其实现;另一方面更要反思,也许当初的预想就是不对或不准确的,须进行相应的"割舍",做好科研的"减法"。

五是想当下的思考是否拓展了。站在结题的视角,反思当初研究的方向、目标、路子、成果预期,做好相应的加减法工作,这首先就是一项必要的、系统的、实事求是的高级思维活动。所谓做"减法",就是以结题为契机和动力，进一步去伪存真、去粗取精，科学、恰当地呈现课题研究成果，以切实体现研究成果的对应性、适切性，而不是满足"眉毛胡子一把抓"的"物化成果展"。所谓做"加法"，就是在充分反思、分析的基础上，进一步由此及彼、由表及里，思考下一步研究的主题、方向、目标与策略，推动实践研究的进一步深入，推动所做课题的进一步升级。这不仅是课题研究的需要，更是研究者学术素养不断提升的体现。

　　课题研究有申报就要有实践，有开题就要有结题。结题之际，不要总忙着"做"什么，而要先追问自己几个"想"什么。或许，我们的结题活动就会更加实在，课题研究就会更加有效，学校科研就会越来越有魅力。

思考 46 好课由"一点"再及其余

抓住一点，不及其余，是一个流行较广的成语。它说的是，如果一个人思考问题、处理事情，仅仅抓住问题的一个方面，却不考虑问题的其他方面，其结果当然会与预期背道而驰。

但这仅仅是问题的一个方面。事实上，很多问题、很多事情本身就极其复杂，让人一下子难以认识、把握全部；还有一些问题和事情，是一项长期的、持续性的过程，指望在开始阶段就能够做到既抓住一点，又及其余，恐怕是理想主义者的痴人说梦。比如说到上课，特别是青年教师的课堂。我们几乎可以肯定地说，没有一位教师不想上好课，也可以肯定地说，没有一位教师可以一下子上出一节完美的课。也许正是在这个意义上，于漪老师才语重心长地对青年教师说，她是一辈子做老师，一辈子学做教师。

对此，比较理想的状态是什么？心中装着上好课的理想与追求，脚下要有"九尺高台，起于累土"的踏实与渐进。换言之，好教师都是一点点成长起来的，好课也是一点点走向成熟的。对于一般教师，特别是青年教师而言，抓住课堂综合要素中的某一点切入，先求得某一点的突破与收获，在此基础上追求以点带面的全面进步之效。

那么，一节好课，我们可以先抓住什么样的"点"再及其余呢？有以下六点可供大家参考。

一是抓住情趣的生发点。中小学生的学习，最初都是一种基于自身兴趣的行为表现。所以，教师备课或者上课，首先要思考的是在上课过程甚至是课堂之外，如何调动学生的学习兴趣。这包括两方面的问题：一方面，要了解学生到底对什么感兴趣，也就是要明白什么是"真兴趣"；另一方面，切实针对学情，在学习进程中实现情趣的"真调动"。说到底，学生情趣的调动是一个渗透到学习主体"骨髓"深处的科学与艺术，而不是停留在浅表层次的"课堂笑声""学生掌声"的"现场秀"。而且，学习情趣的调动是一个持续的过程。一节课并非只有开始或某一特定阶段才需要激发情趣，情趣应该伴随整个学程的始终。教师抓住了一节课上学生"真兴趣"的生发点，并且随着学习活动的不断推进，适时实现"真调动"，学习就在潜移默化中走向更深处。

二是抓住知识的落脚点。当前对教师授课的要求已经越来越从知识本位走向素养本位，所以教师必须清醒地认识到，对绝大多数学生而言，他们的素养不会凭空产生。具体到课堂学习，必须落实到知识的认知、理解、内化、转化及应用上。我们反对的是为应试而教知识的死记硬背，绝不是反对知识本身。那种偏离知识的学习、掌握与落实，空谈素养的培养与学生能力的提升，要么是一种浪漫的理想主义，要么就是一种别有用心的误导。一个好教师，尤其当下阶段的好教师，要想实实在在上出一节好课，必须将相关知识点落到实处。不仅如此，还必须师生共同努力，将知识的迁移点、拓展点不断落到实处。

三是抓住心智的着眼点。学生学习的过程，表面上看，是知识累积、消化、应用的过程，本质上却是主体心智发育、生长、丰富的过程。所以，教师在抓住知识落脚点的同时，必须由表及里，进一步理清知识的内在脉络，抓住思维的逻辑推演，进而"顺理成章"地促进学习者智慧的不断积累，打开学生的"慧根"，开阔学生的"慧眼"，丰富学生的"慧心"。换句话说，一节好课不仅要有一条明确的知识线，还要有一条看不见的思维线，更要有一条至关重要的智慧线。

四是抓住问题的转折点。学习是一个从少到多、从简单到复杂、从他到我不断演进、转化的过程。一个学习目标的达成，只是下一步学习的基础；一个问题的解决，往往意味着更多新问题的出现。如果说一节课是一次风光旖旎的旅程，这种问题的转折点、学习的转化点就是旅行者最为"惊险的一跃"。抓住问题的转折点，学习就会顺水推舟进入新的境界；抓不住问题的转折点，学生的学习就只是被教师生拉硬拽进入下一个环节。

五是抓住灵感的爆发点。学习从来不是教师一个人的自说自话，也不是学生自己的吐纳吸收，而是师生之间、生生之间、自我之间不断地对话、碰撞与生成。在一些公开课上我们常常见到这样的现象，一些学生提出的问题或给出的答案，已经超越教师的预设，甚至远远走在教师的前面，但是教师往往出于教学过程完整性的考虑，要么对此无动于衷，要么只是简单给予学生礼节性的表扬，却失去师生之间深度学习的良机。在这个问题上，教师一定要保持高度的敏感与敏锐。事实上，所谓一节好课，很大程度上不是看这个教师如何按部就班地推演（当然，这很重要），而是看他对细节的敏感程度和对灵感的捕捉能力。

六是抓住生活的归宿点。学习是为了让学生更好地生活，但学习本身就是师生生活的一部分。要想解决课堂枯燥、无趣、低效的问题，说到底就是要回到学生的生活，联系学生的生活，在回归生活的基础上，进一步学习知识、理解知识、消化知识、拓展知识并应用知识。这就要求教师始终确立课堂教学的生活立意，真正从就教材讲教材中走出来，带着教材走进生活，带着生活审视教材，带着知识进一步理解生活、改造生活。唯其如此，才能实现课内与课外的真正融通，实现知识与生活的真正链接。

情趣的生发点、知识的落脚点、心智的着眼点、问题的转折点、灵感的爆发点、生活的归宿点，虽然只是一点点，却是课堂变革的一大步，也是教师专业提升的一大步。由"一点"再及其余，或许正是课堂高效之路，也是教师职业生涯的闪光之旅……

思考 47 别让"惯性"遮蔽了眼睛

说到当下学校的学生评价改革,对于一线教师来说,最纠结的莫过于不看总分、平均分不行,而只看总分、平均分更不行,尤其是超越分数的背后如何看待学生。一方面,整个学校和教师的评价体系,依然离不开分数的因素;另一方面,教育的本质在于个性发展,在于幸福追求之类的新思想、新理念必须落实在教师的教书育人实践中,或多或少地转化为教师的实际教育教学行动和现实的评价指标。

但是知道有差别性地看待每个学生是一回事,在实践中准确地、科学地看待并针对性地引导每个学生又是一回事。从这个意义上说,教师评价能力的提高,其实不是一个立竿见影的剧变过程,而是一个评价主体即教师个体不断认知、不断实践、不断反思、不断整改的相对漫长的"滴灌"过程。影响评价能力提高,除了一般意义上的教育理念、分析判断、评价标准等重要指标外,教师因个体经验、习惯而形成的种种惯性,也是不可忽视的因素之一。

在升学率主导、分数作为唯一指标的时代(我个人一直严重怀疑中国的教育是否真的出现过这样纯粹的升学率时代。就我身边的优秀教师而言,他们其实从来没有放弃过对学生人生的引领,对学生人格的塑造。所以,到底是偏重升学率还是只注重升学率,这本身就是个大问题,是一个牵涉如何对待传统教育和现代教育的大问题。这当然是题外话),教师的评价惯性往往比较单一,就是"成绩好的学生都是好学生,成绩不好的学生都是'差生'"。这种以单一分数为标准的评价惯性,确实存在很大问题,并且在绝大多数学校和教师那里,正得到进一步、切实的转变。

单一的评价惯性得到不断转变是好事,但与这种转变相伴而生的是,我们似乎又产生不少新的惯性,影响教师对某一具体学生的准确评价,进而又因为对某一学生的不科学甚至不公平的评价，影响某一类学生乃至整个学生群体的学习与成长。它具体可表现为以下三对貌似矛盾的关系。

一是能说会道与沉默寡言的学生，谁更可爱？总的来说，随着生活条件的提高，特别是各种学习环境的改善，每一代学生的语言表达能力总是高于上一代或上几代学生。能说会道的学生总是会吸引人们的目光，容易成为班级里的灵魂人物。但是能说会道能否与可爱画等号？除了能说会道的学生之外，那些平时沉默寡言的学生怎么就不可爱？这个关系处理不好，科学评价就无从谈起。

二是能歌善舞与身无长技的学生，谁更优秀？有人说当下的时代已经进入"眼球经济""才艺秀"时代，但凡能歌善舞、会唱会跳的学生总是有更多抛头露面的机会，容易成为大众瞩目的明星。这当然没有什么不好。但是从多元智能理论来看，每个学生的优势智能本来就不一样，即使有同样发展潜力的学生还有个大器早成与大器晚成的区别。为此，能歌善舞的学生与目前来看身无长技的学生，在教师那里，到底谁更优秀，便成为一个必须直面的问题。

三是见多识广与讷言慎行的学生，谁更自主？学生的成长，既与他所处的家庭及社会环境有重大关联，又并不完全取决于家庭及社会环境。一般情况下，家庭条件较好、社会交往机会多的学生，往往见多识广，情商优秀，有利于自主与个性成长。但是教育的奥妙有时恰恰就在于，往往在大家公认的时候，有些学生的成长却表现出极为强烈的反证效应。比如，古人早就提出的"棍棒底下"到底出"逆子"还是"孝子"，就是一个鲜明的例证。具体到当前的学生发展上，并不是所有的学生都表现出见多识广，更不是所有的学生都有条件做到见多识广。那么，对于那些并不见多识广的学生，对于那些说话做事都比较谨慎甚至还有点害羞、怯懦的学生，我们怎能简单下一个结论，认为他们的自主学习和生活能力不如那些见多识广的学生呢？

学生是一片自然生长的大森林，每一棵树木、每一株花草都有其自己的生命芬芳。教师的责任就在于发现每一个生命的美好，同时指出他们的不足和努力的方向，然后一起向着更美好的人生里程前行。走出以分数论英雄的旧惯性，已经让我们看到一个更加丰富多彩的学生世界。而当我们进一步走出以"能说会道"论可爱、"能歌善舞"论优秀、"见多识广"论自主的新惯性，则会更自然地走到每个学生的心底，更用心地听到每个生命翩然起舞、拔节成长的声音。

带着研究的视角看学生，别让"惯性"遮蔽科学评价的眼睛。

思考 48 反对一种"精致"的"伪科研"

教师科研能力的提升是一个慢过程，难免会有粗糙，顾此失彼，挂一漏万。但这又有什么呢？说到底，教育科研并不完全是奔着某个既定的成果与奖项而去，而是为了教师自身专业素养，尤其是问题意识、探究思维、创新能力的提升而去。所以，从一定意义上说，正是这难免粗糙，有时顾此失彼、挂一漏万的科研，才越发体现出真实和进步。或许，这正是教师草根科研的魅力所在。

但是，深入一线越久，与教师关系越密切，就越发现，当下不少学校、教师，或者出于核心期刊发表的需要，或者出于急于出成果的需要，或者由于上级部门、某些专家检查的需要，他们的教学观察和问题研究越来越走上一条"精致化"的道路。而这种"精致化"，更多的是追求形式的完整，注重的是素材的叠加，以至于陷入一种全新的科研"八股"与"套路"。教师只要照着做，一天可以写出几篇观察报告，交出一系列研究论文，却看不到更多的研究发生，特别是看不到教师的真正成长。长此以往，甚至参与其中的校长、园长与教师都产生一种机械、麻木应付的感觉，根本缺少研究与创新的冲动。以求真、求实为旨归的教师研究，几乎成了装模作样、装点门面的"伪研究"。这不能不引起我们的关注与警惕。

一是过于注重过程材料的完整性。一些教师提交的观察报告，为了凸显过程的完整性和资料的翔实性，往往一会儿展现静态的照片，一会儿呈现动态的视频，可以说是动静相宜，图文并茂。应该说，教师注重过程的完整性和资料的收集整理是必要的，事实上整理、加工这些资料非常辛苦，这也是研究能力提升的一个可行路径。但是这里质疑的是，教师的主责到底是什么？一节30～45分钟不等的幼儿园或者中小学的活动课，光拍照片、拍视频就可能占用10～15分钟，差不多是课堂总用时的四分之一到三分之一。要是计算教师所耗费的精力和思维，可能占比还会加大。这样一来，貌似形象生动的完整资料，竟然是以占用教师和学生有限的学习、活动时间为代价的。我们不禁要问，这样的研究，是真的研究吗？

二是过于注重对呈现材料的对应性解释。研究不少学校、教师提交的观察报告，就会发现他们其实是很注重理论与实践相结合的。具体体现在文本的表达中，常常是将某一案例对应到教育学、心理学或者幼儿教育指南中的某些理论与条文，仿佛形成某种类似数学上一一对应的"映射关系"。但问题在于，研究的真正价值并不在于，或者准确地讲，不止于解释理论、认知规定，而在于消化、内化理论与规定，并转化为思想的整体提升与行动的具体改进。过于强调文本呈现的一一对应，充其量不过是实现了理论或者规定的某种程度的"再现"，不是实际操作中的应用与创新。虽不能说这样的研究完全没有价值，但至少低于我们的期望值，实际上也是低估了教师的执行力与创造性。

三是过于注重对典型个人特殊案例的分析。教师日常教学与研究工作的根本目的，在于既要促进每一个学生的健康成长，又要促进所有学生的均衡、适合发展。这里的"每一个"，强调的是个体的差异性；这里的"所有"，强调的是群体的整合性。教师工作之价值，教师实践之难，或许都体现在既要注重"每一个"，又要注重"所有人"，特别是在班级授课制依然为当下学校教育主要形式的背景下，尤为如此。但是以一些教师的研究论文和观察报告分析可见，他们往往热衷于在教学过程或活动过程中对少数特殊学生的关注、跟踪与指导，当然这是有必要的。不过，一个班级、一堂课绝不能止于关注这些特殊的个人，教师把主要精力都放在特殊学生身上，往往会不自觉地"冷落"其他同学，便会失去更多研究学生和发展学生的机会。

必须强调的是，上述三方面的问题，只是针对让研究更真实发生、让教师研究更具实效性这一要求提出的。出于对教师精力与心血的珍惜及更大的敬意，我们才提出伴随草根科研能力和教学实践能力的不断提高，尽量少一些因片面注重材料收集的完整性却忽略课堂教学主体责任；尽量少一些因片面注重材料的对应性解释，却忽略理论与实践的转化与融通；尽量少一些因片面注重特殊学生的特殊案例分析，却忽略全体学生的学习需求。只有尽可能少一些这样的尴尬，这种形式上的"精致化"，或许我们才能真正走出教师科研的粗糙，走出顾此失彼、挂一漏万，从而走向真实的、鲜活的，并且是逐步见效的实践科研。

有一种"精致"的"伪科研"，叫作"装模作样"。只有不断摒弃这种"装点门面"的"假精致"，才能迎来充满希望的"真成长"。

49 警惕一种"伪教育"：遮蔽真相

说实话，写出这样的题目，我自己也是犹疑的。一方面，教育的真正目的是引领人向真、向美、向善、向上，因此，无论是教育者——广大教师，还是受教育者——广大学生，心中都必须充满正能量，这是毫无疑问的；另一方面，教育的真正价值和力量又在于"真实"二字，因此，教育者有义务为受教育者揭示生活的真相，帮助学生认清现实的本质，不断适应生活，战胜生活中的困难，进而创造属于自己的生活。上述两个方面，分开来要求都没有任何问题，但具体到某一位教师、某一节课上，针对特定的学习主体，比如幼儿园的幼儿或者小学低年段的学生，恐怕就有一个孰轻孰重的取舍与选择问题了。

人之初，性本善。早期阶段的学习主体——儿童少年，特别是幼儿园的幼儿和小学低年段的学生，更是天性纯良，充满爱心，对生活、世界既充满强烈的探究欲与好奇心，更抱有善良、友爱的正能量。教师的责任，很大程度上在于，保持学生的这一份正能量，发展他们的正能量。但问题是，生活本身充满辩证法，正能量并非这个世界的全部，爱与美好也不是生活的全部真相。如何一方面引导学生保持对美好生活的信心与向往，另一方面又帮助学生认清生活的另一侧面，尽量不受生活中"负能量"的干扰、侵蚀，就成为很多一线教师困惑与头疼的问题。也许正是基于这样的困惑，在不少幼儿教师、小学教师的课堂里，特别是在各种形式的公开课、观摩课上，我们看到了一些片面彰显"正能量"，而有意无意忽视、遮蔽生活真相的课堂表象。

一是过于渲染快乐，遮蔽了生活的苦难。打着快乐教育的旗号，一切以学生开心、快乐为课堂追求，有意提供一些达成"快乐"目标的资源，组织一些容易让人"开心"的活动。一节课在学生心情愉悦的笑声里度过，仿佛幸福生活唾手可得。自然，追求幸福是人的终极理想，培养学生对幸福的理解与享受，是教师的重要责任。但是，生活并不只有幸福，生命并不只有欢乐，苦难本就是生活的另一半，有时候甚至真正的幸福和快乐来自一个人战胜苦难的过程。所以，有意无意遮蔽苦难的教育，至少是不完整的教育。

二是过于渲染美好与爱，遮蔽了人性的丑恶。一直以来，也许是出于传承童话教育的传统，也许是出于对儿童善良天性的呵护与热爱，不少教师在幼儿园和小学低年段教育中，往往致力于构建一个美好的、充满善良友爱的童话世界。在这个世界里，所有的动物都充满爱心，却忘记了老虎和狼也会欺压小动物；所有的妖精都艳丽妩媚，却忘记了妖精也可能想吃唐僧肉。其实，人是最复杂的动物，人性中包含善与恶的方方面面，让学生认识人性的美好，并不一定要以忽略、遮蔽人性的丑陋为前提。事实上，这些年来，一直有不少儿童被拐骗的报道，央视《等着我》栏目几乎成为非黄金时间的收视高峰。其中，不少被拐骗的孩子就是因为过于轻信骗子。说起来，这与我们教育中对人性丑恶教育的缺失不无关系。

三是过于渲染个人自主，遮蔽了自我的不足与缺陷。随着新课改理念的不断传播，学生是学习的主体、生活的主体的意识在课堂上不断得到落实与体现。一时间，"我的课堂我做主""我的生活我做主"的口号，不时张贴在学校的教室里，流行在学生的活动里。这确实是课堂教育的一大进步，但与此同时，我们是否应该认识到，生活中的自主并不等于完全的任何人、任何时候都可以做生活的主宰？特别是，追求个人自主是一回事，正视自我的不足与缺陷是更重要的另一回事。过于渲染个人自主，既可能培养出一个真正自主的人，也可能培养出一个不能正确对待自我甚至自我膨胀的人。当下不少学校出现的难以教育的"小少爷""小公主"现象，乃至不时出现的校园霸凌现象，多少都有这方面教育缺失的影子。

教育要引导学生向善、向美、向上，但是这种对美好、善良与成功、自主的追求，一定是基于真实的向善、向美与向上。警惕遮蔽真相的"伪教育"，就是为了向着更真实、更贴近实际、更有效的教育扎实迈进。

思考

50 教师渐进性课改的可能打开方式

说到基础教育课程改革，有一个观点正越来越成为大家的共识：没有一线教师的真正参与和投入，任何完美的设计都不会成功。

但是，教师对课改的认知、接受本来需要一个过程。而且，教师本身工作、生活负担很重，特别是平时工作中，多是各忙各的。所以，不管课改设计者、推动者内心有多么冲动，要求有多么迫切，组织措施有多么严格，事实只能是：教师对课改的接受与实践，基本上都是渐进性的，并且个体上充满差异性。不认识到这一点，再好的课改，其成效也会大打折扣。纵观时下种种课堂模式、教学理念的推行，之所以出现虎头蛇尾或者"水土不服"，很大程度上与缺少渐进性课改的正确打开方式有关。当然，罔顾实际的浅尝辄止与自我吹嘘的虚假繁荣，不在此列。

说起来，不只是课改，任何改革的本质归根到底都是人的问题，都是各种关系的调整与妥协。课改的推进落实，其实就是各种教学关系调整和特定教学实践改进的现实过程。于是，问题转化为：既然教师的课改实践都是渐进的，任何停留在固化思维和模式上的"不变"肯定不行，而违反规律、违背教师基本意志的急变、乱变更加不行。这样看来，"追求变，科学变，慢慢变"，就成为教师渐进性课改的"可能打开方式"。

其一，"变思"是前提。任何改革，说到底都是经过思想碰撞之后的理念再提升。思维的转型与认知的革命是改革得以落地与推行的前提。为此，就课改设计者而言，一定要将改革的思想、思路说清楚，要经得起别人的质疑和科学的推敲。只有这样，才能真正走进教师的心田。就一线教师而言，一定要立足实践和自身需要，认真学习、吸纳新的课改理念，与自己原有的认知与思维产生碰撞与链接，经过自己大脑的加工与实践的检验，逐步实现思想认识的飞跃，用改革的思维武装自己，指导实践。

其二，"变形"是起点。内容与形式是哲学上的一对矛盾，相应的形式表现承载相应的内容，相应的内容也会表现为不同的形式。从这个意义上说，既然是推进改革，不管是某种学科课型还是相关课堂组织架构，其本质上都是设计者基于对规律的认知与把握所提出的新的路径与办法，并且总是通过课堂组织形式、时间分配、师生关系等有形的形式表现出来。比如，时下影响较大的"合作学习""翻转课堂"，就有其特定的形式要求。教师在课改实践中未必要对照相关形式完全照搬照抄，但考虑到改革推进的需要，必要的形式变化也是顺理成章的。事实上，当下各种课改之所以推进困难，倒不完全在于教师反对课改，而恰恰在于课改推进者过于强调形式的急于改变与整齐划一。所以，一方面，设计者、推进者要经得起等待；另一方面，一线教师要慢慢进入某种"尝试"状态，从形式改变起步，慢慢实现从形式到内容的变革。

其三，"变法"是关键。改革的思维要落地，课改的推进要见效，必然要通过相应实践路径和方式方法的变革。比如，所谓的"生本课堂"，说到底是要实现"从教师主宰课堂以讲为主，向学生成为课堂真正主体以学为主"的方法的切实变革；所谓的"合作学习"，说到底是要实现原来课堂中被动的、单一的"师生关系""生生关系"，向互动的、互助的"师生关系""生生关系"转型。没有教师教育教学、日常管理方法的变化与变革，任何课改的设计与愿景终将停留在理想层面、口号层面，不会对实践有丝毫的推动。换言之，唯有抓住"变法"这一关键，课改才能真正"打开"，效益才能逐步显现。

其四，"变人"是根本。既然改革的核心在于人，改革的本质在于以人为中心的各种关系的妥协与调整，因此说到底，任何课改成败的关键，都在于以某种新理念武装教师，以某种新思维锤炼教师，以某种新形式培训教师，以某种新方法提升教师。当改革的理念、思维、形式、方法都进入教师的脑中、心中、实践中，经过不断的否定、肯定、再否定、再肯定的"自我否定""自我提升"，成为其不断的实践自觉时，改革所改变的其实已经远远不是小小的课堂或简单的课程，而是教师和学生作为"人"的本身。之所以要改革，不正是为了人的更好发展吗？所以，人既是课改的根本，更是课改的目的与归宿。人的改变，才是课改得以见效的终极标准。

培根说："对于理解力切不可赋以翅膀，倒要系以重物，以免它跳跃和飞翔。"任何改革都不可能是一蹴而就的，以依靠人（教师，也包括学生）、培养人（学生，也包括教师）为目的和显著特征的课改，更是如此。从变思到变形，从变法到变人，这是教师渐进性课改的可能打开方式。只有始终坚持这种立足扎实根基之上的渐渐积累和步步递进，才能真正迎来一个水到渠成、瓜熟蒂落的改革局面，走向生生不息、令人神往的教育人生。

第四辑 谁来等等教师的灵魂

思考

51 倾听第四种声音

随着年龄特别是教龄的不断增长，我们越来越发现，教育活动就其本质而言，是直抵人心的工作。而心与心的沟通和连接，更多的是需要一种宁静、怡然的环境与心境。所以，无论是教育大家还是普通教育工作者，尤其是一线教师，都渴望自己真的能"简简单单教书，安安静静育人"。但是时代的发展，市场的裹挟，这样简单的理想不断变成"奢望"。

理由或许很明了。教育与时代的关系本来就密不可分。身处变化、转型的时代，任何风吹草动都会反映、折射到教育上来。从这个意义上说，教育似乎就从未安静过。当年的孔老夫子大概也是想安安静静地教书的，可是时代让他走上了"游学、游教"之途。时至今日，一方面，市场经济的利益诉求越来越多地侵入教育领地；另一方面，几乎无所不在、无所不能的互联网对学校围墙一再突破。于是，学校和教师正越来越多地为各种声音所包围，最突出的有三种：

首先，行政的"强音"。学校是育人的阵地，理所当然要接受行政的领导与管理。但是，教书育人本身是一项非常专业的工作，需要校长、教师主体能动性的切实发挥。所以，如何处理好行政干预与学校自主办学、教师自主教学的关系，始终是一个令人头疼的问题。毋庸讳言，我们喊了那么多年简政放权，可是行政的声音对学校、教师还显得过于强大。尤其是上级布置的各种创建，不仅名目繁多，而且花样迭出；不仅要现场察看，更要归类文档；不仅要材料齐全，而且要统一格式、规范美观。否则，年底相关考核就很有可能遭遇扣分。于是，在很多学校，尤其是规模比较小、人手紧张的学校，办学几乎成了迎检的"代名词"。

其次，专家的"高音"。教书育人是专业的、科学的，离不开专家的指导与引领。但是，基层欢迎的是多服务、多提供问题解决方案，多与教师携手共进的真专家，而不是动辄名词满天飞的口头理论家，更不是批评不离口、叹息长相伴的精英主义的"自我英雄"。尤其令人反感的是，为了推广一些课堂模式、教学范式，甚至为某种利益驱使，一些人不顾实际，甚至与行政力量一起打出"组合拳"，令基层应接不暇，无可奈何。

再次，家长与社会的"多音"。利益主体多元，利益诉求各异，是"互联网+社会"的一个显著特征。这反映在家长、社会与学校的关系上，就是各种要求、见解、主张都必须落实在学校的日常管理与教师的常态教学中。也许有的时候，教师朝某个学生多看了一眼，就会受到家长的举报，理由是"凭什么多看我孩子一眼"；与此同时，或许还会有另一个学生家长发来举报，理由却是"凭什么少看我孩子一眼"。教师这时候更多地成了"风箱里的老鼠"。教育是多方力量彼此协同的系统工程，学校的发展、教师的教育教学从来离不开学生家长的支持与监督。但是过于个人化乃至情绪化的要求与监督，最终只能逼着教师成为谨小慎微、无所作为的"别里科夫"。

多重声音包围着教育，包围着学校，更湮没了本来对教育、学校最应该发声的教师的声音。加之，教育本身比起"引力波""量子力学"等高深的科学来，人们更容易有话说。所以，教师的声音显得更加微弱。

有一个问题其实很令人担心：让教师说话不可怕，可怕的是在多重声音的包围、裹挟下，教师哪一天真的不说话了，教育怎么办。所以，我们必须在重重声音的包围中，特别是在行政的"强音"、专家的"高音"、家长与社会的"多音"中，发出属于教师自己的声音——倾听第四种声音。

倾听第四种声音，就是要让理性的声音回归。纵观当下教师发展的实际，在面临高负荷、高压力工作的同时，教师面临着"想发展少机会、少平台，待发展少路子、少动力"的尴尬，而一般性的教师培训又很难达到教师的发展预期。所以，如何更多地给每位教师"铺路子""搭台子""给机会"，甚至给真正优秀的普通教师"抬轿子"，就是让一线教师真正发展的理性之路。

倾听第四种声音，就是要让健康的声音生长。其实，即使面临越来越重的负担，遭遇越来越大的压力，一线基层依然有一大批教师默默坚守着教育的情怀，耕耘着教育的土地，支撑着教育的天空。他们才是教育系统里最可爱的人，是学校发展的中流砥柱。地处江心的丹徒区江心洲学校，20多名教师组成"奋青"俱乐部，地处边远乡镇的丹阳市后巷幼儿园成立"青苗工作室"，年轻的教师想方设法追求进步，学校和幼儿园千方百计助推教师成长。这就是当前教育一直存在的最健康的力量。我们要做的只能是更多地发现他们的力量，助推他们成长。这几年，镇江市教科所连年举办"三岛教育论坛"，多次组织"青苗工作室"专题研讨，目的就是要将服务送到教师面前，不断传递健康的声音。

倾听第四种声音，就是要让边远的声音放大。教育的均衡根本上是教师发展的均衡。但是一方面，从大数据上看，城市的、条件好的学校的教师整体质量比较优良；另一方面，边远的学校、边缘化的学科，常常涌现出令人刮目相看的教师队伍和学科带头人。条件好的学校固然需要我们锦上添花，边远的学校更需要我们去帮助、去发现，以及去推广。这几年，镇江市教科所致力于水边、田边、山边"三边"学校的发展，先后重点推介了京口区零北小学、丹阳市车站小学、导墅小学、丹徒区支显宗小学等典型，为这些学校的后续发展作了一些努力。同时，针对体育、艺术学科的特点，组织了体育教师、艺术教师读书班，让现实中处于"副科"地位的学科教师有言论平台，有展示空间，还涌现出几位体育特级教师。

倾听第四种声音，就是要让单调的声音和鸣。一个人走路总是孤单的，一群人走路就有力量，教师发展也是如此。一方面，必须冷静地看到，教师不可能同步发展；另一方面，一定有一些教师已经行走在自主发展的道路上。所以，我们要将孤独的先行者组织起来，"让一部分人先走起来，进而带动大家一起走"；"让一部分教师先集体发声，进而带动大家一起发声"。这几年，镇江市教科所先后组建"青年教师读书沙龙""青年教师成长接力团""名特教师讲师团"等组织，就是要让不同类型、不同特点、不同发展诉求的教师抱团取暖、集体行走。

喧嚣的时代需要清醒的声音；被声音包围的教育，需要倾听来自教师的第四种声音。这声音也许很微小，但它一定是雷的声音，预示着春天的日益临近；它一定是火的声音，预示着即将星火燎原……

思考 52　教师发声的"武林秘笈"

学生时代喜欢看武侠小说，无论是金庸、梁羽生，还是古龙、温瑞安。尽管每个作家的叙事方式、人物形象和故事立意不尽相同，但在几位武林大家的笔下，侠客武士们的江湖还是有一些共通的东西，也可以称作"江湖规矩"：一是信奉邪不压正，反对仗势欺人。不仅为弱者代言，还主张让弱者发言；二是强调功底根基，反对花拳绣腿，吃得苦中苦，方为人上人；三是追求独门神技，反对碌碌无为，行侠仗义永远在路上。

上述几条，与其说是作家想象中的江湖准则，不如说是人类生存与生活的共识和契约。教育虽不能完全比拟于江湖，教师更不能直接与想象中的武林高手相提并论。但是为了让教师真正发声，看起来我们也要遵循一些江湖规矩，练就一些江湖功夫。

首先，社会必须建立和完善让教师发声的良好环境与制度。教育是一项以培养人为旨归的专业。无论是教育行政部门还是社会，都要切实树立起真正依靠教师教书育人的思想，切实落实好教师是教育教学的主体的教育理念。换言之，如果说学校里要真正坚持"以学生为中心"，就必须突出教师的主体地位，坚持专业的事让专业的人去做，努力拓宽教师言路，认真倾听教师的意见。

其次，教师本身必须明确发声的着力点。教师是学校的主人，是教育的主力军，也是社会的公民。因此，教师享有一个公民对社会的一切言论权、批评建议权，更享有对教育、对学校的言论权、批评建议权。但是，教师的发声必须先满足学生最基本的学习需要，立足最基本的实践平台。什么是教师最基本的实践平台？答案是课堂。什么是学生最基本的学习需要？答案是课堂学习。所以，教师发声首先应当在课堂。只有在课堂上发出专业、科学的声音，才能真正展现教师专业、权威的形象。

再次，就课堂发声的路径而言，教师必须练就过硬的基本功。有作为才有地位，也才有真正的发声权。当前，课堂改革正处于新旧理念交织、新旧技术换代、新旧方式转型的关键时期。有的人提出要加快建设未来课堂，争当未来教师；有的人却认为不少学校和教师还停留在昨天乃至前天，不可能一口吃一个胖子。在如此嘈杂的声音场中，不思考未来的人没有未来，但是只空谈未来的人一定会失去当下。为此，当前教师在课堂上的发声恐怕必须站在过去、现在与未来的连接点上，至少需要练就三方面的基本功。

一是切实增强最基本的课堂目标设计与落实的能力、概念逻辑梳理与演绎的能力，这是教师练功的"梅花桩"。当下的学习，总体上向着沉浸式学习、体验式学习行走，但是具体到一节课，绝不意味着不要最起码的知识逻辑、目标确定与落实。表面上看，这是一种传统的教学方法，实际上，这事关学生学习的真正发生，更事关人才培养。千万不能在各种"课堂革命"的口号下，轻易将"洗澡水连同孩子一起倒掉"。更何况，随着时代的进步，课堂目标本身也在发生变化，从当初单一的知识目标扩展到素养目标。

二是切实增强极为重要的举例联想、拓展迁移的能力，这是教师行走"江湖"的"大力金刚掌"。秀才不出门，能知天下事，靠的是想象力、迁移力。教师要想上好一节课，绝不能仅仅停留在这一节课上，而是要不断增强举一反三、触类旁通的能力。我说过，好教师只比不好的教师多说一句话。比如，有的教师只要求学生做作业，可是好教师却会告诉学生这些知识可能会考，更好的教师还会告诉学生下一个单元还用得着，甚至将来高中、大学乃至谈恋爱时也会用得着，不知不觉中培养学生的想象习惯，拓展学生学习、思考的视野，在促进学生成长的同时推动教师自身专业提升。

三是切实增强最为关键的课程建构力，促进学生在主体学习的条件下主动、自然生成，这是一名教师"扬名立万"的"九阴真经"。生活即教育，学习的本质是教师更多地为学生创造更还原、更丰富的学习背景和学习资源，在主题化、项目式的学习中，潜移默化地促进学生成长。这说到底就是呼唤教师的课程建构能力。当下很多学校都开设了不少活动课程，但我始终觉得，教师课堂微课程开发建构的能力远比课外的种种社团活动更为基础、更为重要。比如，同样是学习小学课文《夹竹桃》，扬中外国语小学耿咏就鼓励学生探究各种"花语"微课程；同样是理解老舍先生的"蒙汉情深何忍别，天涯碧草话斜阳"，镇江实小的史桐就尝试和学生一起建构丰富多彩的"送别"课程，真正使小课堂连通大生活，不仅推动了学生的学习，也提升了自己的专业境界。这仿佛华山论剑中的王重阳，真正练就了"九阴真经"。

一方面，完善制度，定好让教师发声的"江湖规矩"；另一方面，立足课堂，不断练就教师自身的"梅花桩""大力金刚掌"和"九阴真经"。有了这样的"武林秘笈"，或许教师的发声会更加铿锵有力，也会有更多人听……

思考 53　教师发声岂止在课堂

学生时代看过一部报告文学，大概讲的是解放后国民党被俘将领反思、改造的故事。对作者及具体内容早已记忆模糊，但对题目却记忆犹新——《将军决战岂止在战场》。

前面我提到，教育正在被各种声音重重包围，必须倾听第四种声音，让教师发声。正如打铁还需自身硬，教师要发声，首先要练好课堂基本功。但是，让教师发声不能只对教师提要求，方方面面都要切实尊重教师的主体地位，畅通教师的言论渠道，真正让教师有地方发声，有通道发声，说的话有人听、起作用。

一是让教师真正成为学校管理的主人翁。一个好校长就是一所好学校。但是离开一线教师，再好的校长也将一事无成。现代学校治理体系的一个基本要求，就是要在实行管办评分离的基础上，教育行政部门赋权给校长，校长还权给教师，以实现教师的学校教师管的愿景。目前，镇江不少学校根据自身实际，成立了教师学术委员会、教师师德委员建设会。这就向教师治校迈出了坚实的一步。

二是切实尊重教师教书育人的主导地位。教师天天从事的是专业的教育教学工作，天天与学生密切相处，对学生的发展最了解、最有发言权，也会根据学生的具体情况作出针对性的安排，提出个性化的要求。这就好像医生会针对不同病人的情况，开出不同的处方。奇怪的是，人们往往乖乖按照医生开的处方抓药，没有异言，却对教师的种种安排、学校的种种举措评头论足，甚至横挑鼻子竖挑眼。当然，这并不是说教师的每次安排都尽善尽美，也不是说教师的工作就评论不得，更不能否认确实有一部分教师的专业水平和师德修养亟待提高。这里仅就一般情况而言，仅就学校与社会以及教师与家长、社会的关系而言，呼吁尊重教师的专业权威性，对教师予以信任和支持。毕竟，信任比黄金还珍贵。

三是切实维护教师的合法权益。教师既是学校办学的主体，又是受我国《宪法》《教师法》保护的权利主体。当前，《教师法》中关于教师的平均工资水平应当不低于或者高于当地公务员的平均工资水平的规定还须进一步落实，社会上还客观存在着污名化教师队伍，因个别人、个别事而将整个教师队伍一棍子打死的情况。再加上越来越重的工作负担和心理压力，一线教师的生存状态必须引起各方面的高度重视。试想，一位身心不太健康的教师，如何承担起培养下一代的历史重任？人同此心，心同此理，己所不欲，勿施于人。切实维护教师合法权益，不只是为了满足教师个人的生活需求，更是着眼于教育可持续发展和学生可持续成长的战略。近年来，镇江市教育局在切实加强教师队伍建设的基础上，不断加大对一线教师的关心、关爱力度。从为校车随车师生办理意外伤害保险到为一线教师申办大病额外保险，点滴小事做到教师及其家属的心里，也有力促进了教师队伍的整体提升。

将军决战不仅仅在战场，教师发声也不仅仅在课堂。

思考

54 终究是人师：听周德藩先生讲故事

说到我们这些20世纪八九十年代入职的、如今已老大不小的教师的职业生涯，周德藩先生绝对是一个绕不过去的存在。从教50余年，先生从普通物理教师到校长、教育局长、教委副主任，再到省教育学会会长、名誉会长，在不同的时期，以不同的角色对教育发声，影响着一批又一批教师、校长，也推动着一校一地乃至整个江苏教育的发展进程。

余生也晚，一直生活在小城市，工作在基层学校，20世纪90年代刚入职时开始从报纸或校长传达的文件中频频听到周德藩先生的名字。印象中，他是离我们好远的"大官"，说的都是"双基"、教育现代化等我们似懂非懂的名词。后来，一次偶然的机会，到南京替领导代开一个会，终于在会场后排远远看见坐在主席台上的周先生，并亲耳听到先生带有乡音的报告，首次听到先生亲自解说那句著名的话——"要让学校的每一块墙壁都说话"。当时就感觉这位领导很接地气，听他的报告挺解渴的。新世纪后，周先生退出行政领导岗位，专门担纲更具研究性、更具专业性的省教育学会的领导工作。也正是从那时起，听先生报告、讲话的机会比过去多了起来。先生不仅积极致力于学会建设，更亲自承担儿童识字这一极具挑战性、前沿性的课题。我那时就想，先生的学习力、研究力，特别是旺盛的工作热情，当真让我们这些年轻人自愧不如！

虽然听周先生讲话多了，但大多是工作业务性谈话，基本谈不上直接接触，所以总觉得与先生有点距离，不过瘾。

最接近先生的机会发生在2017年11月9—10号，省教育学会在扬中市外国语中学召开一次省内初中教育及中考研讨会，因学会副会长叶水涛先生临时有事，本人被临时抓差，代庖主持了9号下午的专家报告会和10号上

第四辑 谁来等等教师的灵魂 | 133

午的校长沙龙，因此得以近距离聆听周先生的学术分享与人生心得。无论是专题报告还是沙龙点评，先生都是直面现实，直抒胸臆，直抵人心，或以己度人，或以旧证新，或以学促变，真可谓教育教学、为师为人、谈新论旧、历史人生，无不信手拈来，既挥洒自如，又收放有据，令绝大多数现场一线聆听者深为折服、赞叹，引为基层校长、教师的知音、同道，竟忘记了先生当年颇为显赫的身份。尤其是先生身穿一件淡红色休闲西装、一条轻便牛仔裤，更显年轻活力。当年那个坐在主席台上的先生，这次真正走到我们身边，更走进教师、校长的心中。其间，先生以讲故事的方式，分享了自己的人生经验与教育见解，尤给人以深深启迪。

报告一开始，先生就以别致的方式，将自己的身份代入、切换到教育现场，提出一个对自己的深切追问：假如自己50年后的今天再做教师或校长，到底会怎么做？一下子把所有听众拉入历史的纵深，激发大家的研究兴趣与改革思维。先生提到：如果他今天还能回学校教物理，与50年前刚进学校比，可能不会先想到教物理，而是育人。如果让他今天再去当校长，而且去当一个初中校长，首先会更关注学生的身心健康，为每个学生选聘人生导师；其次，抓住当前课程改革的机遇，促进学生主动学习；接着，还要抓住推进学校信息化、现代化的大好时机。说到底，是要处理好一个变与不变的问题。一席话娓娓道来，没有高谈阔论，更没有居高临下，却分明在平和中将高深的理论融入当下实践，将时代的风云变迁、教育的激情与理性融入每个教师和校长的日常，显示了先生强烈的学习自觉、躬身自问的反思精神与人生的理性思辨，于不自觉、不期然中感染了所有在场者。

第二个故事，先生讲得很短，几乎是一带而过，但在我看来却极具标本意义。先生说，为了研究儿童识字机理，他曾经拿着几张纸片，坐在麦当劳门口，分别让儿童连词成组或一字一字地辨识"麦当劳"。想象一下，在人来人往的麦当劳门口，一位白发老人拉住一个个活泼天真的儿童……画面实在很温暖，镜头实在很震撼。所以，这个故事我听得很动容。儿童如何识字是一个很具科学性、前沿性的问题，我等自无力多评。但先生这种扎根泥土的实验精神与研究态度，足以令许多人惭愧。所以，我在主持时说：当我们想方设法、著书立说寻求、培养教育家或追求成为教育家时，当一批以当代教育家自居行走江湖获取各种既得利益时，真正的教育家却"坐在麦当劳门口"……

第三个故事,先生讲得更短,却令人唏嘘、警醒。它说的是南通启东某名校长因违法犯罪入狱改造。已逾古稀之年的周先生前往宜兴监狱,恳求警方让自己与其当面恳谈,勉励其好好改造,着眼未来,重新来过。被看望的人固然意外、感动,痛哭流涕,先生也是眼泪盈眶,难以自持。听得台下教师、校长神情肃然,默默不语。那个70多岁的老人叮嘱近60岁犯罪校长的画面,在我的脑海中久久挥之不去。先生之爱才之心,惜才之痛令人感佩,不势利、不抛弃的义气之举更令人感动不已。这个时候,他已不是什么厅长、会长,真的成了金庸小说中率真担当的义士、侠者……

三个故事,反映的是周德藩先生的人生侧面。如果抽离情节,挖掘故事背后的人格与精神,不难发现,无论是学习的自觉、反思的精神,还是思辨的理性、扎根泥土的实验与探究,都是一名优秀教师乃至教育家必备的品质。爱才惜才之心,义气率真之情,更体现了一个人的仁者风范。所以,我们反对刻意包装名师,由衷渴求成为一名真正的良师、人师。在周德藩先生身上,我们似乎找到了答案,找到了差距,也找到了方向……

听周德藩讲故事,其实是一次思考、学习做人师的机会,更是一次成长。时代再怎么变,教师的发声方式和价值追求始终不会变。我们终究要成为人之师、心之师和自己之师。

思考 55　谁为今天守门？

乡下有句俗话，叫"又是龙灯又是会，老太太还过八十岁"，大概是说，各种事情交织到一起，而且都非常重要，一时让人难以招架。这样的尴尬，正越来越明显地摆在一线教师面前。正如当年毛主席所说，事情正在起变化，教师教书育人的日常正在被来自方方面面的变化冲击着、裹挟着。就教育系统本身而言，恐怕最重要的冲击有三个。

最直接的应该是高考改革。一年一度的高考牵动着社会神经，左右着学校管理，大到课程安排、课务管理，小到各学科的"含金量占比"，众说纷纭，莫衷一是。所有这些必然影响教师每一天、每一节课的教学。

最重要的应该是政策变化。比如就培养目标而言，从当年的知识本位到后来的能力本位，再到今天的素养本位，其本身变化反映着国家对教育本质认识的逐渐深化和教育政策的不断矫正。但正如每一次罗盘的转向都会引起船体的震动并激起周边大大小小的水花，如何让素养本位落地，也是各有所论，而且振振有词，似乎真有点儿让基层无所适从。

最根本的应该是技术革新。随着以 AL（人工智能）、VR（虚拟现实）、AR（增强现实）等为代表的人工智能技术革命的迅速推进，传统的课堂教学、学校建设都将面临前所未有的挑战。一时间，大会小会，未来学校、未来学习等填塞到教师的耳朵里，甚至弄得校长、教师如果不讲点"未来已来"，都不好意思说自己是教育工作者。

三大冲击，都代表着时代发展的必然，每一个冲击都是对基层学校和教师的强烈召唤。讲到这些变化和冲击，不少领导与专家或饱含激情，或满怀忧虑，或针砭当下，一时间耸人耳目的金句迭出，黄钟大吕的警告频传。比如，"未来已来，你还睡在过去""不如何如何，教师将失业"。说实话，作为基层教育工作者，大多都知道这些话很有道理，也有向未来前进的愿望和动力。但麻烦的是，上述三大冲击不是一个一个有序而来，而是像钱塘江天文大潮一样叠加而来。学校现有的教育教学任务本就很沉重，还要应付常规工作之外的大大小小、难以计数的检查评估，真的让一线教师有喘不过气来的感觉，难免顾此失彼、难以招架。这使一些教师要么流于应付，要么干脆对种种变革、未来之词报以观望、"不合作"，甚至反感、拒斥的态度。结果往往导致喊未来的人唾沫横飞，而真正走向未来的主力军却失去方向感和话语权。

从根本意义上说，不主动面向未来、不积极应变的学校，不会有希望。但是人心都是肉长的，再好吃的饭也要一口一口地吃，再先进的理念和政策也要允许基层特别是教师有一个消化、吸收并内化、转化的过程。当年在生产队劳动时，不少有经验的老农民就用"催工不催饭，催到田里也是站"来调侃、讽刺那些不顾现实、不讲基础的冒进主义。我想，这样的历史教训在今天谈论种种教育变革和建设未来学校时，依然要深刻汲取。

从历史长河来看，未来从哪里来，总是要从昨天走向今天，从今天走向明天。任何时代的教育都处在历史发展的连接点上。事实上，除了极少数技术项目突飞猛进式的革命外，社会领域的走向未来其实是有其自身规律的，是渐进的，不断由量变走向质变。更何况，即使突飞猛进的技术变革，在转化为生活消费时也有一个不断蔓延的过程。比如手机 4G 技术，当年也是从北京、上海等大中城市逐渐扩展至全国城乡。就拿教育与教师走向未来说，全国 2000 多万教师，数十万所学校，基础、条件千差万别，人员构成相当复杂，教师个性更是千差万别。我们既有正在走向明天甚至已经走向后天的现代化学校和教师，也有正在今天苦苦挣扎的学校和教师，更不可讳言，还有一大批仍处在昨天乃至前天的学校和教师。一方面，技术与政策、理念的变化，会对仍处在今天、昨天的学校和教师有很大的促进作用，推动他们的跨越式发展；另一方面，也要防止贪多嚼不烂，欲速则不达。一味地以未来学校、未来教师要求所有学校和教师，是否有某些人私底下的利益考量，权且不论，仅就一项工作的具体推进而言，也是不切实际的，对广大教师更是不公平的。我们既要鼓励一批批教师先行走向未来，还要允许一大批教师停留在今天，为今天守好门。事实上，无数的人为未来而努力，真正能够走到未来的人仍然是少数，更多的人很可能是倒在了未来的门口。但是，我们能说他们没有走向未来吗？

处理好今天与明天、现实与未来的关系，在世界观上，其实就是当下与长远的关系问题，在方法论上就是常规性工作与变革性工作的关系问题。未来学校、素养培养，这对基层学校和教师而言，都是变革性的工作，而教师日常的备课、上课、改作业、管理学生，就是常规性工作。常规性工作重基础，变革性工作重引领。一方面，既要以变革性要求带动常规性工作，以农业漫灌乃至滴灌的办法渗透先进思想，引领实践转型；另一方面，又要以常规性工作承载变革性工作，在稳定常规的基础上，促进变革的逐步实现。换言之，对广大一线教师而言，一方面要不断加大对新教育理念、新教育政策和新教育技术的学习、消化和吸收，不断以此指导、改进现有的工作；另一方面，要切实防止以不切实际的理想、好大喜功的口号干扰、影响教师的常规工作，最终导致学校发展和师生成长欲速则不达。

记得一位美国学者说过，"把事情做得更好与做更好的事情是两码事"。教师面向未来、走向未来、创造未来，就是"做更好的事情"，而立足今天，做好日常工作，就是"把事情做得更好"。在所有人大踏步走向明天和未来的时候，要允许并尊重那些既怀揣梦想，更扎根现实，奋斗在昨天，为今天守门的人。也许正因如此，才真正体现出教育的传承价值，展现教师人梯与铺路石的品格。

不思考未来的人没有未来，只空谈未来的人没有今天！

思考 56 谁来等等教师的灵魂？

朋友圈里热传着一篇据说是李克强总理讲话的短文：《教育走得太快，请等等落下的灵魂》。大意是说，现在学校里急功近利的思维盛行，教师片面地拔苗助长，种种形式主义、功利主义裹挟着学生的灵魂，奴役着学生的心，必须切实改变这种情况。

虽然无法考证这句话是否真的出自总理之口，因为我尝试询问万能的"度娘"，也未得出明确的答案，但是文中的观点的确值得深思。如果教师走得太快，迷失了方向，确实需要慢下来，等等学生落下的灵魂。

再进一步探究，究竟是什么造成学校和教师走得太乱、太快？换言之，教师要等等学生落下的灵魂，自己先要有安静、从容的灵魂，那追问一句：谁来等等教师落下的灵魂？

一是家长与社会对教师劳动要更多一份理解与信任。随着经济社会特别是网络社会的迅速发展，教师、学校与社会、家长的关系，发生巨大的变化，从当初教师是知识与文化的主要拥有者，家长几乎是"求"着学校办教育，转变为今天家长普遍监督并引领学校办教育。这是一种不可逆转的大势所趋。学校必须打开围墙，教师必须打开心门，真心实意地融入社会，服务家长。但是，教育发展有其固有的规律，教师工作有其不可替代的专业自主。在人工智能尚未完全代替集体教学，家长尚难依靠一己之力实现"在家上学"的个别化乃至极端个人化学习的理想之前，学校依然是绝大多数学生学习、成长的首选，教师依然是服务、陪伴每个学生从家庭走向社会，进行自我认知、自我发展的主要领路人。为此，在强调学校融入社会、教师服务家长的同时，社会理应对学校运行有一种特殊的保护，家长理应对教师工作有一种特殊的尊重，而不是偶有风吹草动，立刻将矛头指向学校。教师队伍中难免出现个别失误乃至失范，家长立刻将怒火燃向教师，甚至有别有用心者，有意无意利用网络"暴动"，污名化特定教师与学校，进而污名化整个教师队伍。从某种意义上说，当前学校和教师遭遇的最大冲击与尴尬，不是人工智能、人本主义等对教育理念与教育方式的变革性影响，而是学校与社会、家长与教师之间信任链条的断裂。这就导致一个悖论：一方面，社会和家长越来越离不开学校和教师；另一方面，又越来越不信任学校和教师。此种境况下，学校与教师心往何安，情何以堪？

二是领导与专家要切实为学校和教师减负、撑腰。各级政府、教育行政部门是学校和教师的坚强后盾、"娘家人"，专家学者是学校和教师工作的服务者、"合伙人"。但是，当前有一种令学校普遍反感，也许是敢怒不敢言的现象就是，有关部门平时乐于给学校和教师压担子，各种进校园、检查评估创建有增无减，而且个个手握"尚方宝剑"，掌握"一票否决"或项目资助的大权，让学校难以招架。一旦真正有事，往往又对学校和教师甩膀子，或者严正声明与其无关，或者追加发之严苛问责。当然，这样做不能说完全不对，但是一而再再而三，终究会伤了一线教师的心，寒了基层学校的魂。各路所谓"专家"也是热衷于充当学校与教师的批判者、居高临下的导师，或者利用媒体话语权，或者鼓动行政资源形成同盟军，不顾现实，不切实际，推行某些缺失条件联系的理念，推广某种隐含利益算计的模式。比如，一味批评教师只教书不育人，试问，育人就不要教书了吗？古今中外，哪种教书离得开育人？又如，一切要让学生体验，跟随学生脚步，尊重儿童个性，请问，茶是苦的，醋是酸的，学生可以体验，不撞南墙不回头是否需要"专家"带头体验呢？教师总跟在儿童后面，还要不要引领？一切尊重个性，还要不要班集体建设，要不要纪律规范教育？更有甚者，有些专家明明在家里做着应试教育等他们反对的事，却对学校和教师大谈素质教育、未来教师。基层欢迎真诚关心理解教师、与教师共同进退的建设者与伙伴，反对以精英自居、搅乱常规与人心的伪专家。

三是校长要真正重视教师的身心健康。校长也是教师，是这种"教育走得太快，等不及灵魂"现象的受害者。目前，由于校长队伍整体素质不断提高，教育法治建设不断加强，公然侵犯教师合法权益的校长越来越少，真心为教师谋福利、增待遇的校长越来越多，也赢得广大教师的信任和拥护。但是当下有一种倾向值得注意，就是一些校长或者由于客观上上级交办的任务太多，或者由于主观上个人的改革意念太强，导致教师日常工作受到各种创建、改革的干扰。一方面，教书育人不可耽误；另一方面，各种创建改革又必须完成，只能让教师加班加点，甚至个别学校基本放弃双休日。现行财务制度下，校长还不能发"红包"福利慰问教师，客观上侵害了教师的身心健康与合法权益，导致出现"同是教育可怜人"，"可怜人"为难"可怜人"的现象。长此以往，教师只能丧失激情，失去灵魂。

2017年上映的好莱坞电影《正义联盟》，讲到血狼人有一种特异功能，就是把正常的人变成助纣为虐的帮凶、"类魔"，如果一线教师、校长都失去了灵魂，成为无所作为的"犬儒"或者"类魔"，他们又怎么会等等孩子的灵魂，成为人类灵魂的工程师呢？

要想真正等等教师的灵魂，说穿了是要处理好学校与社会、学校与行政、校长与教师的关系，真正赋权给校长、还权于教师，切实建立和完善现代学校治理体系。说到底，只有先对校长赋权，才能真正地对他们赋能。

请给学校安静的时空，等等教师落下的灵魂。唯其如此，才能陪伴、引领更多年轻的灵魂……

思考 57 东西南北中：他们为教师代言

社会的深度转型，让教育与教师承受越来越多的期待与压力；信息时代的信息不充分、不对称，让少数负面新闻替代了更多教师默默无闻的奉献与精益求精的探索。近年来，因为工作关系，我多次去边远、基层学校，认识了许多耕耘于天南海北教育田野的教师，他们坚守在几乎越来越被人挑剔、误解的书声校园，用微不足道的声音、脚踏实地的行动，为自己的人生做真实的注脚，也为更多的普通教师同行代言。

东边：延边朝鲜族自治州珲春市第一实验小学。郭香菊老师身患心脏病多年，有时候连学校集体学习或开会都必须坐在靠近门口的地方，以便更好地呼吸清新空气。但就是这样一位老师，硬是自学了"研纸"技艺，组建了学校社团，使平时看似不起眼的纸张一下子有了生命力，纸花朵朵装点了菁菁校园和学生天真烂漫的心。这个学校还有一位朗妍老师，学校校庆前，"斗胆"跟校长申请了300元经费，说是要给校庆献上一份特别的礼物。开明的校长想都没想请会计预支了经费。一个月过去了，朗妍和她剪纸社团的学生，共同剪出百米长的代表56个民族特色文化的56幅作品，铺在学校的操场，无不令观者震撼、动容。现在，这幅百米作品正蜿蜒静"卧"在学校校史馆中，成为当下师生爱校如家、团结进取最为生动的写照。

北边：内蒙古乌兰察布察右中旗三中。它是一所留守孩子占相当大比例的普通初中，但在教育局的领导下，主动开展课堂改革，目的就是要"给普通的学生以更好的当下和未来"。一开始，他们也是按照某种课堂模式，给学生调好座位、分好小组。可是过了一段时间，以马海燕老师为代表的一线教师在实践中发现，并不是所有的课都要让学生围成一圈坐，或者呈条状坐，这样不利于学生发育期的健康。于是，她们自主实行弹性合作学习。就这么一个小小的"座位的变革",让我们看到一名普通教师对学生的那颗细致入微的拳拳之心。

西边:新疆伊宁县三小。一位三年级的哈萨克族教师古丽皮亚因不久前要执行县里的一项特殊支教任务,暂时调到另外一所学校。离开之际,不少学生用歪歪扭扭的文字表达了不舍之情,特别是一位脑瘫的学生,送给老师一支红色的笔。他写道:"老师,我是您的学生叶力胡提,您是我心中的好老师,我很象(想)你。古丽皮亚,您去了别的学校的是(时)候,要用这个红 bi gai(笔改)作业本。"学生的文字不是很通顺,错别字不少,有的还用拼音代替,但是却让人读出他那颗透明的心。当然,背后一定是教师那颗纯净的心。

南边:贵州思南县塘头小学。山区规模较大的小学,留守儿童占据了绝对比例。当年我们在一起讨论学校发展愿景时,达成一个基本共识,就是要给这些父母不在身边的学生尽可能多的家庭温暖。于是,学校将"一样的童年,不一样的学校"作为办学追求之一。每年节假日,他们都要组织年轻教师翻山越岭,深入学生家庭,陪学生过一个教师相伴的节日。哪怕是送一个本子,哪怕是陪两个小时,学生的节日生活与学校的本有职能都在悄然发生变化。几年过去了,我还依然保存着当年第一次行动时教务处杨宇老师发给我的活动照片。

身边:东西南北,哪里的教育都是为了学生,我们的身边更不乏这样的人和团队。镇江市润州区韦岗小学是一所学校面积很大,但生源越来越少的农村学校。为了给学生提供更丰富的实践活动,学校在市教科所的支持下,先期投入 3000 元,养了 3 只羊,组建了相关社团。据说羊群最多时已达到 12 只。扬中市永胜小学也是一所袖珍学校。一天,钱老师突然接到一个已转到外地的安徽学生的电话,说来看她,正在校门外。钱老师心头一紧,这应该是上学时间,这个学生怎么会大老远跑来?满怀担心,她去门口迎接了这个特殊的客人。原来他在永胜小学读书时就对钱老师特别尊重,每次下课都托着钱老师的胳膊扶她下楼。几年不见,学生已经长成一米八的大高个。原来他是在体校学习,趁来镇江比赛的机会,特地来看老师。钱老师悬着的心终于放下了……分别的时候到了,没想到这个学生又一次执意托起钱老师的胳膊,说:"老师,让我再扶您一次……"

东西南北中，不管是边疆还是江南，不管是山区还是平原，不管是汉族还是少数民族，哪里的教育都是一种成长，哪里的教师都有最美的脸庞。这天下的教师，都是用心底最自然的善良表达着自己的职业信仰，用成全孩子、成全自己的爱，替自己发声，替教师队伍代言……

思考

58 做"名"师，还是做"明"师？

教师是教育发展之本，培养具有道德标杆性和学术引领性的各级名师，已经成为上至教育部，下到各级各类学校的基本共识和实际行动。于是，不少地方和学校出台了一系列从校级骨干到省级名家的培养、考核方案，投入不少人、财、物，寄望于名师的雨后春笋，更寄望于形成以点带面的、朝气蓬勃的教师队伍建设的新局面。

所谓一分耕耘一分收获。这些年来，各地各校的名教师、名校长队伍建设确实取得了很大的进步，不仅涌现出一大批德才兼备的名优教师，更让基层教师看到专业提升的方向，为其疏通了生涯发展的通道。

但是，现实中的问题也不容忽视，突出表现在：一是名师培养不能没有起码的标准，但标准一旦确定，往往会导致一些人"量身定做"，难免使现有的名师队伍鱼龙混杂，失去引领作用；二是一些教师一旦成为各级名师之后，往往会很快脱离一线，违背当初各级领导培养他们的本意……

所有的问题似乎都指向：到底什么才是名师？真正的名师是组织培养，或者更直接一点，是依葫芦画瓢培训出来的吗？站在基层的视角，站在实践的视角，所谓名师首先必须是眼光更远大、胸怀更宽广之师，必须是工作更务实、个性更鲜明之师。只有这样，才能真正确定一个名师在实践中的地位，在普通教师和家长心目中的地位。

如此说来，我们要做"名师"，其实还不如说，先要做"明师"。

一是要做"明白之师"。名师之"名"，基础在于其心要"明"，特别是要明白党和国家的基本教育政策及教育改革发展的大势所趋。唯有如此，在一线讲话做事才不至于说外行话。同时，也要明白教育发展规律与走向，明白教育技术发展的最新潮流，明白自身专业发展的最新动态和要求。唯有如此，才能在学校里真正站得住脚，并赢得一线教师发自内心的尊敬。

二是要做"明朗之师"。名师之"名",根本在于其人要"明"。名师也是人,也有喜怒哀乐,有利益诉求,更有个性兴趣。但是既然要成为名师,首先必须理解"舍得"的真谛,在个人名利进退的关头,要有"朗朗乾坤"之大气;在与人相处的日常生活中,更要有"天空月朗"之清气。表现在与一线教师的关系上,既要有"舍我其谁"的专业自信,更要有如切如磋的谦虚态度,坚决反对精英化、虚名化的工作方式,真正以人格的魅力凝聚起更强大的一线力量;表现在与广大学生的关系上,既要注重学生知识学习的指导,更要注重人格生成的熏陶,努力以自己经年累月的扎实实践,让"亲其师,信其道"的教育理想转变为活生生的现实;表现在与广大家长及相关领导关系的问题上,要落落大方,不卑不亢,坚决拒绝私下拉袖子、扯关系。长时期以来,社会上都以不太认可的语气说某某教师清高。事实恰恰是,在当下利益社会,不保持点清高,还真的达不到名师的境界。实践一再证明,八面玲珑,最终失去的反而更多。

三是要做"明亮之师"。名师之"名",关键在于其艺要"明"。没有金刚钻,不揽瓷器活。成为名师,首先要有基于学生、学习、学术立场的鲜明个性,然后要有出类拔萃的教学技能,更要有丝丝入扣、润物无声的教育艺术。换言之,名师必须在日常的教育教学实践中让自己的个性不断闪光,让自己独特的魅力点亮学生成长的旅程。就当前而言,重点要回答三个问题:一是关于教书与育人的关系问题。无疑,教做人始终是第一位的。二是关于课堂改革与课程建构的问题。无疑,课堂必须改革,必须建设,但在名师引领下的任何改革既不能一蹴而就,更不能浮于形式。任何不吃苦中苦的教学改革,最终都不过是掩耳盗铃的花拳绣腿,经不起实践的大浪淘沙。三是关于青年教师发展的问题。名师除了完成教书育人的任务外,更应肩负起团结、引领更多教师,尤其是青年教师成长进步的使命。成为各级名师,不是自己职业生涯的顶峰,让更多的教师成为名师,才能真正抵达"待到山花烂漫时,她在丛中笑"的理想彼岸。认真、出色地回答好上述三个问题,就要求广大名师,首先要有育人的秘诀,掌握课改的密码,搭建好教师发展的阶梯。唯有如此,名师的招牌才会越擦越亮,自身的修养才会"百尺竿头,更进一步"。

事业发展需要"名"师，更需要"明"师。"名"师的数量有限，"明"师的追求无限；评价"名"师的是各种各样的条文与指标，而评价"明"师的，则是一双双洞察一切的眼睛，一颗颗正常、真实跳动的心……

思考 59　要"名"师，更要"民"师

小时候，算术成绩不太好，但最起码的加减乘除还是会的。于是，在教师发展问题上，我常常想一个也许是端不上桌面的问题：假如一个年级有10个班级，拥有一两名省市级特级教师、教授级教师，而一个名师最多教2个班，两个名师最多能教4个班，那么，剩下的6个班谁来教？

答案是不言而喻的，需要默默无闻，也许整个职业生涯都将平凡度过的普通教师。虽说我们早就批评过"民不患寡而患不均"的旧思想，但是客观存在的现实依然会影响普通教师的心态，进而影响学生的学习与成长。名特教师供应不足，普通教师发展乏力，也许正是当下择校热向择班热转变且越演越烈的根本原因之一。

针对上述情况，出路无非两条：一是加大名师工作量，或者采取师徒结对等权宜之计，适当为择班热降温。但是肉体凡胎之人，总是有疲劳的限度的。更何况评上名师的，大多年纪已经不小，身体状况也未必特别良好。至于师徒结对，更需要等待或长或短的时间，才能真正开花结果。二是加快培养名师队伍，不断使名师"扩军"。但问题是，一定时期内，优秀的人力资源毕竟有限，一味搞人才培养"大跃进"，难免鱼龙混杂，失去培养的本来意义。更何况，在当前名师培养的机制下，一个名师的成长与其所处的学校基础、级别，所能获得的荣誉奖励密切相关，即使广开名师培养之门，恐怕一线教师要获得必备的市级以上综合奖励这一条要求，就挡住了不少教师的路。

反思教师专业发展之路，既然仅靠有限的几个名师难以支撑起教育的天空，那么，教师评价和教师发展是否就不能只靠精英化培养的"一条腿"走路？事实上，教育作为最基本的民生，教师也算是面向大众的普通职业。对

教师可以有特殊的行业要求，如师德规范等，但绝不能对全体教育提出本属于业界精英乃至明星的要求与期待。好比说相声，有逗哏，就有捧哏，本不必要求每一位教师都成为"名"师。

但是不要求每一位教师成为"名"师，是否就意味着绝大多数教师要关上专业发展和生涯价值实现的通道呢？显然不是。理想的状态应该是"梅须逊雪三分白，雪却输梅一段香"。名师有名师的人生境界和社会良评，普通教师也有普通教师的人生体验与社会地位。这也许是我们国家科技部门真正实行的"科学家"培养与"工匠"培养"两条腿走路"对教育系统教师培养的现实启迪。

这几年，镇江教科所在自己的职能范围内作了一点点尝试。说起来，这是受到当年中央电视台一个栏目的启发。中央电视台反映人物的栏目，比较有影响的有两个:《大家》和《艺术人生》，前者推介的是学界翘楚，后者采访的是艺术明星。这些人都是"高层人士"，与普通大众确实有不小的距离。但是，还有一个节目叫《状元360》，每周介绍各行各业有绝招的技术人员和一线务工人员。给人留下深刻印象的有"开铲车的师傅用铲臂开启啤酒瓶盖"等。现在这个节目已经停播，但在《挑战不可能》里，依然能看到不少令人赞叹的普通工人、职员、农民的身影。他们创造的经济与社会价值，与那些大家、明星比，虽很难用数据计算，却绝对形成"雪"与"梅"的关系，成为我们这个社会的栋梁。受此启发，我们深切认识到，教育既需要更多的"名"师，更呼唤有个性、特长甚至绝招灵丹的"民"师。这"民"师之"民"，其实就是民众之民，民间之民，是普通教师中的"有绝招的人"，是普通教师中受学生欢迎、家长敬重的人。也许他们没有发表过文章，没做过什么课题，甚至很难得到奖励、表彰，但是他们认真坚守三尺讲台，努力改进自己的工作。比如，镇江实验学校的年轻教师戴老师，自己教年级基础比较差的班，还兼做区英语教研员，但经过自己的不懈努力，不仅让自己的班赶超先进，也推动全区英语教学走在前面。该老师年纪轻轻即被大家称为"老戴"。又如，丹徒江心洲学校的杜老师，痛感于小岛留守儿童背书习惯难以养成，干脆带学生走进田野去读书、背书。我激动地将其命名为"田野论语"。很奇怪的是，后来这位教师调到一所四星级高中教高中生，她的教学依然走在前面！有感于此，镇江市教科所这几年在完成相关常规工作的同时，花大力气发现"民"师，宣传"民"师，提升"民"师，举办了多场"镇江民师会"，让一线"民"师走向前台，带动更多的一线教师发现自己，成为"民"师；也鼓励了更多的"民"师，积累资源，走向"名"师。

教育发展离不开教师，教师发展从来不应该是"自古华山一条路"。我们要"名"师，也要"民"师，从某种意义上说，更要"民"师。因为说到底，任何"名"师本是从"民"师而来，本来也是"民"师。

思考 60 未曾离别：致敬那些并不完美的先生们

有时候，我会问自己：一个人变得冷漠与坚忍，是不是衰老的标志？

年轻时，大概一切都是新鲜的，自己的人际朋友圈大多是做加法。走亲戚、上学、工作，我们的电话本、名片册、手机里存下了越来越多的名字，脑子里也记住越来越多的人，并由此生发出对每一个具体的人不一样的情感或者情绪。

随着年纪越来越长，忽然有一天发现，自己的朋友圈不知从什么时候起开始做减法了。不时听到、见到一些比我们年纪大甚至年纪轻的人从这个世界上消失；并且，不得不忍着各种各样的悲痛、伤心送别那些曾经爱过、帮过我们，而且我们也爱着、敬着的那些人。其中，就包括我们的亲人、老师和同行。

也许开始的时候，还有些愕然，痛恨老天不公。但是，送别的人多了，渐渐意识到，也许我们真的已经到了从"迎接的时代"走向"告别的时代"。于是，我们开始被迫接受冷酷的现实，接受这样的"常态"，久而久之，内心也变得貌似看透一切，悲喜不为所动。我禁不住问自己：是否年龄的增长与走向衰老一定要以把自己的心磨砺得愈加坚忍乃至冷漠为代价？当然，我知道，内心深处其实依然有难以言表的悲伤与不舍……

2017年以来，镇江教科所就连续送别两位德高望重的老所长——杨奇璞先生和王永昌先生；同时也先后送别不少曾经与教科所关系密切的教育"合伙人"，仅近期就有吕同德先生、王长明先生。他们的年龄不同，学科不同，因年龄、地域、学科差别，我们之间的交往并不频繁，但他们都有一个共同的名字：教师。他们的离去，一再使我内心升起自己是否真的变得冷漠的追问。我想，为了防止自己真的衰老，还是赶紧写下一些关于他们的文字，算是迟到的集体追悼。这不仅是追悼他们个人,也是追悼他们所代表的真正远去的那个时代。

杨奇璞先生。与杨先生的交往纯属工作关系。先生是镇江最早的特级教师,桃李满天下,蜚声市内外。我等晚辈,又在其他学校,自然无缘相交,只能仰望。及至调入市教科所工作,先生早已退休多年。因离退休人员工作关系,包括家庭具体问题,与先生才逐渐接触得多了起来。印象最深的有三点:一是先生涉猎极广,反应敏捷,每每座谈,往往恣肆汪洋,谈兴甚浓,当真是学习不辍。二是先生兴趣盎然,一支毛笔,抄写四大名著;一把京胡,演奏京昆腔调。三是先生性情率真,绝不做作。曾遇上一孙辈上学问题,他绝不拿自己的影响力为难领导,磊磊落落将孩子送到分数线较低的学校。又曾遭遇儿媳患重病,先生深感家庭压力巨大,竟然在电话中泣不成声。在生命的最后关头,先生的思维已经时而清楚时而模糊,但在我们去医院看望时,他依然对我交代:他不怕死,但是请让他有尊严地走……

王永昌先生。王先生当年作为教科所长到镇江二中指导过课题工作,当时我作为学校教科室主任第一次与先生有了接触。在先生的关心下,由我执笔的关于镇江二中创建省重点中学的文章顺利刊发在《镇江日报》上。后来,因我工作变动和先生退休,我们交往不多。到教科所后才又接续前"缘",陆续了解到先生当年组建镇江青语会,倾情扶掖后学成长的故事。但印象最深的有两点:一是先生虽然个性清奇,刚直不阿,但对年长者如杨奇璞先生尊敬有加,杨先生讲话,王先生绝不插话,而且频频点头,认真倾听。二是先生的两个女儿都各有所成,家庭幸福,但先生依然心存隐忧,就是其长外孙身患先天脑疾,只是先生从不表形于色。更难能可贵的是,他还对其他家庭孩子有类似情况者勉励有加。

王长明先生。杨奇璞、王永昌先生离去都是因为疾病,大家心中是早有准备的。长明先生的离去却是谁也没有想到的。据说是在一次朋友聚会中倒下的。先生原是镇江一中校长,又是中科大的高材生,我本年轻,与先生并无同事之缘,很久之后才真正认识先生。接触最多的一次是第六届市教育学会理事会改选,我负责具体筹备工作。当时局领导有意请王先生继续担任常务副会长,但先生坚持辞任。说起来,这是先生第二次辞"官"不就。当年,他就是毅然辞任了显赫一时的镇江一中校长一职。此后,因感佩先生之潇洒，与其私下接触也就多了起来。都说先生聪明、洒脱，我以为与其说他聪明，不如说他老实；与其说他洒脱，不如说他厚道。就是两次辞"官"，绝不恋栈之举，也足以让人敬佩不已。只是先生离去之日，我正在新疆讲课，未能送别，实感遗憾。

吕同德先生。吕先生是丹阳人，早年评上德育特级教师。等我到教科所工作时，先生早已退休，只是在一次正则小学和丹凤小学的课题研讨会上，与先生接触过，后来又在丹阳教育局教育科研讨"地方德育"课题时有过进一步的交流。先生待人和蔼，亲和的语气中透出对人的真诚、对工作的热情。退休后，他依然发挥余热，在立德树人和培养青年教师的工作中找到自己新的定位，成为许多学校不可或缺的发展顾问，成为更多青年教师的良师益友，并被推举为感动教育的好老师。我与先生因科研和教师发展结缘，平时联系不多，但彼此牵挂不断。2016年先生住院，我曾专程慰问，2017年上半年在丹凤学校与先生相遇，相谈甚欢。只是前不久忽见一丹阳教师朋友圈发短句悼念吕同德老师，才大为惊讶，随即请丹阳同志先代为拜祭。谁知在我得知信息的当日，先生已经火化，想来实在是极为遗憾、悲痛、无奈之事。吕先生已去，但他扶持后学的精神永远镌刻在教育发展的长路上。

上述四位先生，年纪都大我很多，平时交往不多，但我心里却将之引为标杆与同道。而且，四位先生其实并不见得有多么完美，比如杨先生开会喜欢"抢话筒"，永昌先生因为牙齿拔光表达不甚清楚，长明先生总是喜欢开玩笑，吕先生工作时太过认真，等等。他们都是平常人，但也许正是因为他们的平常与不完美，才更显出兴趣广泛、极有教养、性情率真、隐忍忧郁、洒脱厚道、扶掖青年的精神与品质的难得与可贵。这种难得与可贵，正是我们这个千百年绵延不绝的行业——教书育人的真谛所在、生命力所在。从这个意义上说，这些先生是真正的教育道统的担当者、传承人。在这个利益至上的时代，这些先生正变得越来越稀缺，也更进一步证明他们是不平凡的平常人，是真正教师中的教师。

时光荏苒，老去的终将老去，离别的终将离别。但是，教育不死，先生的精神永存。

思考 61 好老师只是多说了一句话

新世纪以来，虽说教育发展依然是一路坎坷、一路探索，但总体上仍保持了积极向上的态势，并且逐步形成一些基本共识。比如，教育与社会关系的问题，学校再也不能关起门来办；教育与技术关系的问题，教师必须立足今天思考并创新未来教育。特别重要的一个共识是：教书与育人的关系，具体到一节课，必然从以记忆为主的知识本位走向以人的发展为主的素养本位。换言之，教师不能只教知识不教做人。或者更准确地说，教师必须既讲知识又讲做人，既讲表层知识更讲深度学习，其实就是为了育人而教书，为了成人而学习。

渐进的却绝对是深刻的变化，必然对一线教师提出全新的要求，尤其是对好教师的评判提出更高的标准。但任何教师都处于现实的历史中，有一批教师自然会引领潮流，身先士卒，有一批会如温水煮蛙，被慢慢淘汰，还有一批很有可能很快就掉队。这是任何事物发展的常态。但这带来一个问题：一方面，教师不可能同步走向未来，必然与不适应时代要求的人说再见；另一方面，现实又不允许一下子有那么多新鲜血液补充教师队伍，迅速成为好教师。为此，一个必须承认的现实是，我们其实是由一部分依然走在今天、昨天甚至前天的教师，共同推动教育走向明天。一个比较务实的路径是，尽量让掉队的人跟上来，让温水中的人动起来。

因此，立足现有基础，找准一线教师的"最近发展区"，为普通教师发展为好教师搭建专业阶梯，成为当下教师专业发展的重中之重。

如何找到"最近发展区"，搭建专业阶梯呢？我以为，一是帮助教师树立专业自信，确信自己并不比所谓的优秀教师、名特教师差多少；二是和教师一起寻找成为好教师的有效路径，力求每天进步一点点。说到底，任何好教师都不是一夜之间冒起来的，而是一点一滴生长起来的。

其实，无论是教书育人，还是推进深度学习，很多优秀教师在实践中都有一些非常有效甚至颇为有趣的经验，就是比平常多说一句话。

让我们设想下列情境——

放学前，有教师来布置作业。A 老师说，今天的作业必须认真完成；B 老师说，今天的作业必须完成，因为考试可能考；C 老师说，今天的作业必须完成，因为考试可能考，而且下个单元还用得着；D 老师说，今天的作业必须完成，因为考试可能考，下个单元用得着，而且将来高中还会碰得到；E 老师说，今天的作业必须完成，因为考试可能考，下个单元用得着，将来高中还会碰得到，而且到社会上还会有用……

ABCDE 五位教师，后一个人只比前一个多说了一句话，但其专业视野与教育胸襟却提高了不止一个层次。上述情境虽然是想象的，但现实中好教师"多说一句话"至关重要。

一是多说知识背后的思维、逻辑的一句话，真正让学生透过知识表象掌握学习的本质。

二是多说问题背后的方法、实践的一句话，真正让学生走进生活，理解生活，进而在提升能力的基础上创造属于自己的生活。

三是多说答案背后的兴趣、情感的一句话，真正融洽师生关系、生生关系，逐步培养学生丰富的生活情趣。

四是多说具体任务背后的迁移、拓展的一句话，真正和学生一起，从小课堂走向大世界，从静态学习到鲜活的人生，夯实人生根基，铸就人生魂魄。

好教师只是比平常多说一句话，不只是风趣的比喻，更不是权宜之计。归根到底是因为，教育工作本质上是且行且思、自然生长的事业，是必须依靠每位教师、发展每位教师，并且让每位教师都能享受职业乐趣、实现人生价值的事业……

思考 62 课堂上还要不要"讲"？

当下课堂变革的一个重要标志，或许就是一些专家和校长正在积极倡导的"主体学习"，其具体观察要素就是努力让学生体验、发现，让学生讲话，而课堂上"少讲"乃至"不讲"。这顺理成章成为考量教师专业发展的一个重要尺度，以至于有些学校出现对教师讲授时间不得超过几分钟的"硬性规定"，甚至还出现完全由学生主导而教师相对缺席的"自主课堂"。

诚然，相对于过去传统课堂教学中教师"满堂灌""一言堂"的教学行为，提倡尊重学生的学习主体地位，让学生多讲话是正确的，也是必要的。但在我看来，判定传统课堂与新型课堂的根本标准，其实在于是否掌握了学生学习的密码，遵从了知识认知、迁移、拓展及素养生成的规律，而不是"讲授"本身。换言之，决定课堂好坏的不是"讲"本身，而是弄清楚"为什么讲"和"讲什么"以及"怎么讲""谁来讲"。那种离开学习发生、单纯对教师的"讲"发难的改革，要么是一些人自己生造出来的堂·吉诃德的风车、一厢情愿的"假想敌"，要么是浮于表面、拘于外表的"形式秀"。事实上，即使在传统的教学实践中，也没有多少教师真正如一些论者所指责的那样"一讲到底""课堂霸权"。恰恰相反，不少有经验的教师，该讲的时候引人入胜，不该讲的时候却善于调动学生。所谓的教学相长、师生共进，大概描述的就是这样一种境界。

那么，问题来了，一方面，传统课堂确实存在讲得太多、统得过死的问题，所以教师"少讲"是必须提醒的；另一方面，还需要对一线教师讲清楚，我们的课堂到底还要不要"讲"。

我们认为，只要社会发展、技术进步还没能完全取代班级学习制，只要学习还没有完全成为个体休闲的行为和"完全的兴趣"，只要教育还承担着支撑学生当下和未来生涯竞争的职能,就必须重视课堂效率。教师恰到好处、恰如其分地讲授,就不仅不能取消,反而更要认真加以研究与改进。从一定意义上说,当前我们的教育界还有一种风气,就是过度强调当下的快乐教育,忽视学生未来竞争的事实,长此以往,是否都要把这些"中国梦"的实践者变成碰不得的"瓷娃娃"?

既然教师还需要"讲",但又不能像过去一样"讲",这其中有什么不同呢?

一是由谁来讲不一样了,要从过去的教师"独讲"转变成师生"共讲"。说到底,这不只是"讲"的主体的变换,还是对学生综合素养潜移默化的锻炼与培养。

二是讲什么不一样了,要从过去着重讲答案转变为着重讲过程、讲方法,要从过去侧重于"就事论事"转变为更注重知识的拓展与迁移。

三是什么时候讲不一样了,要从过去常常从头到尾地讲转变为依据课堂逻辑演变、师生对话情境营造和学习氛围烘托的实际,或见缝插针、适时点拨,或起承转合、科学引导。

四是讲的载体、形式与技术不一样了,要从过去单纯靠嘴讲、靠喉咙发声转变为借助各种适宜的技术手段、问题情境、学习工具和表现方式来多渠道讲授。其实,这也是另一种意义上的"教师不讲"。当然,虽然教师没有发声,但却从没有离场,而是真正做到"此时无声若有声",乃至"此时无声胜有声"。

……

总之,为了促进学生主动学习,确实需要改变有些教师"满堂灌""一言堂"的教学行为,但这绝不意味着取消教师讲授法教学,更不意味着教师不讲了,学生的学习就一定比现在好。更何况,教师本身也是存在个性和优势差异的,让一个本身擅长讲解并且这种讲解并不影响学生主动学习的教师,为了应和所谓的改革时尚,刻意"少讲"或"不讲",最终只会导致邯郸学步或者削足适履。当下的教育场鱼龙混杂,出于说明某种观点的目的,片面夸大现实中的问题,进而兜售个人的所谓"创造",是一种比较有效的"营销方式",却绝不是良好的学养和学风。即使这样的风气不是出于利益的考虑,而是出于真诚的激情,也需要引起我们的高度警惕。歌德曾在《亲和力》一书中指出，激情既是缺点又是优点，只不过是提高了的缺点或优点罢了。目前，这种风气不仅表现在对传统课堂的批判上，而且表现在具体的学科建设上。一些大腕、大咖罔顾事实、夸大其词的批判，悲天悯人、"刀光剑影"的改革，表面上会吸引眼球，也会带来粉丝效应，却会真正抹杀一线的现实努力，伤害的是基层的真诚感情。

说到底，教育是自然生长的"慢"事业，教师的工作同样经不起言语的挑唆和盲目的折腾。罗素早就警告人们：恶劣的热情使人类看不见真理，谬误的信仰却一再为这种恶劣的热情作辩证。

思考 63 不止于悔

《淮南子》记载，春秋时有一个叫蘧伯玉的卫国人，谦虚谨慎，善于时刻反思自己的行为，所以人们称赞其"年五十而知四十九年非"。教师日常平凡的工作，说到底就是和学生一起"琢玉成器"的过程。它不仅帮助学生成长，也是教师磨砺自己、修炼自我的成长。

教师自我成长的标志很多，其中重要的一点，或许就看他是否能够把每天都当作"年五十"，常常反思自己的工作之"非"、生活之"非"。虽说蒙田不无豪迈地宣传"不后悔过去，不惧怕将来"，但一个不善于后悔过去的人，恐怕也不会有多少光明的未来。尤其是教师与学生的交往，根本上是一种"心灵之约"，只有"用心"方能知人，只有"专心"方能无悔。回顾自己28年的教师生涯，虽没有经历什么大风大浪，但想起来，还对几件事、几个学生不时充满悔意。尤其是随着年岁增长，这样的悔意更是与日俱增。

1. 张乾程。我工作第二年，在地处农村的扬中兴隆中学担任班主任，正可谓风华正茂，积极向上。新学期开学不久，班级开始军训。记得学校邀请了当年镇人武部部长担任教官。由于是在乡下，条件有限，所谓军训不过是带着学生一起练练"立正、稍息、正步走"。由于自己年轻，也多少接受了一些民主化教育理念的洗礼，所以作为班主任（军训时称指导员），我还是努力做到和学生一起训练。经过两天的刻苦训练，大家基本掌握了正步走要领。即将要举行全校汇演了，我忽然发现，一个叫张乾程的高个子男生站在排头，但是小腿踢出去总是没有力气，于是单独请他出列训练。一二三四、二二三四，几个回合下来，始终不见起色。我气急之下，不由得怒从心头起，恶向胆边生，一脚踢向他的脚踝……当时我根本不觉得自己错了，反而跟大家讲了刘伯承元帅"慈不掌兵"的故事，以此教育大家"军训就要像个军训的样子"……后来，我调到了扬中县高级中学工作，不久又调到镇江，几乎要将这件事忘记了。但是一次偶然的机会，遇到当年兴隆中学的学生，不知怎么说起张乾程，说他本来就有比较明显的"内八字"，所以，他的正步其实是很难踢正的。说者无心，听者有意，我顿时满腔惭愧。2004年，这批学生高中毕业十周年聚会之际，我专程赶去参加，但张乾程因为生病没有来，我只能在全班学生面前向他道歉。2014年，高中毕业二十周年聚会，张乾程终于出现！一个拥抱，算是了结了我20年的悔意。

2. 侯启贤。他与张乾程同班。那个时候我除了做班主任，还教他们高二的经济常识。在学习有关"第三产业"的内容时，侯启贤对课本中"第三产业只转移价值并不创造价值"的内容产生质疑，问："我亲戚开了馄饨店，一家人就靠这个生活，怎么没有创造价值？"我明知他提的问题有见地，但依然按照当时教参的解释，指出馄饨店只是转移价值的体现，蒙混过了关。如今，经济学理论早已更新，关于第三产业服务创造价值更早已成为共识。所以实践证明，当年的侯启贤其实比他的老师更有"预见性"！所幸的是，向侯启贤道歉没有费多大周折，2004年就遂了我的心愿。也许是这家伙天生有经济头脑，现在已经成为一个小有名气的企业家了。

3. 芮玉娟。有的后悔可以很快表达，有的后悔哪怕过去20年还可以表达，但是有的后悔就成了终身的遗憾。那是18年前的事了。那时候，我在镇江二中教高一政治，由于学科特点，一个人往往要教四五个班，因此，一学期就要认识200多名学生。所以，哪个叫什么名字，有什么情况，并不是很快就能掌握。但是平心而论，由于自己对学生真诚，还是受到大多数学生欢迎的，自己心里也难免有些小得意。记得那是一个中午，不知由于什么事，我骑着摩托车出学校，学校南侧门下是一个很大的坡，我缓缓地向坡下开去。忽然间，对面走来一个女生，叫芮玉娟，只见她背着书包很灿烂地朝我笑了一下，我以为她上午无故不来上学，心里还有点嘀咕与不快，所以也就很程式化地朝她点了一下头，两个人就这么匆匆而过。回到学校，我很快与班主任交流了情况，这才知道芮玉娟是被查出得了白血病，来学校办理休学手续的！当时，我心里一个"咯噔"，深为中午遇到她时的误解而惭愧，更为她的病情而难过……后来不久，就听说这个学生因病离世了，连向她问候一句和说声对不起都永远不可能了。

现在，写下上述文字的时候，我的心情依然不能平静。虽说教师生涯难免出错，难免后悔，但之所以出现失误与后悔，说到底是对学生了解得不够仔细、用心不够深入所致。晋代葛洪说过："详交者不失人，泛交者多后悔。"诚哉斯言！

教涯有悔，方行于思。不止于悔，方能自新。

思考 64 今天怎样看教师的权威？

中国传统上就是一个需要权威、崇尚权威的国家。所谓"天地君亲师"，就是各类权威形态现实存在的集中写照。但是进入现代社会以来，特别是随着民主化、科学化、市场化思潮的"西学东渐"，以上几种权威呈现出不断被打破的态势。具体到教师，一方面，知识爆炸时代，知识获取途径的多样性与学习方式的多元化，让权威形象走下教坛；另一方面，无孔不入的"互联网+"时代，更加快了教师权威失落的速度。

身处权威被打破的时代，教育如何发展，教师如何工作，这些本来貌似不是问题的问题，都一下子成了问题。于是，反观当下的学校与课堂，教师的教学用时成为考量标准，乃至教师隐身、无师课堂之类的新潮名词也展开了对一线教师的观念轰炸。甚至在一些激进的先生那里，再提教师权威很有可能成为反对变革、阻碍变革的"九斤老太"。

但是，现实永远比理想复杂。我们当然要追随教育发展潮流，开辟教育民主化的新天地，但正如不能一口吃成一个胖子，我们不能指望一夜之间所有的教师都能够跟得上时代弄潮儿的脚步。更何况，他们的观念或者办法，也未必经得起时代与实践的考验。

这就自然引申出与教师权威有关的几个问题。

一是身处当下教育变革的时代，我们还要不要重视教师的权威形象？学习是个特别复杂、特别微妙的过程。一个学生的成长既离不开个体生活的切身体验，也离不开他人尤其是教师科学的、适当的引领与指导。而一个真正有权威的教师，当然能够更好地指导和引领学生发展。从这个意义上说，在可以预见的将来，我们依然需要教师的权威形象。

二是当前倡导的教师权威形象，其本质究竟是什么？不管教育改革怎么改,"亲其师,信其道",总是教育成功的一个基本规律。一个受学生欢迎、有权威的教师,说到底就是创设了一种有利于学生学习的良好情境。我们提倡学习是需要情境的,但学生不仅需要物理的学习情境,可能更需要教师的人格情境。就教师权威的本质而言,也许这正是也应该是学生需要的学习情境。

三是当前提倡教师的权威形象,与过去的教师权威有什么变化?

首先,就教师权威的性质而言,传统的权威更多的是一种"威权",是一种居高临下的管控机制与权力;新时代的教师权威更多的是一种生活中的伙伴与核心,是一种学生学习、生活的积极建议者与参谋者。

其次,就教师权威的内涵而言,传统的权威当然也有人格权威,但更多的是知识权威;新时代的教师权威,知识权威的比重有所下降,人格权威、智慧权威以及生活的迁移、拓展与参谋权威的比重不断上升。

再次,就教师权威的表现路径与方式而言,传统的权威更多地表现为"听我的""向我学"之类的命令性话语和执行性方法;新时代的教师权威,则更多地表现为"看我的""一起做"等对话性话语和探究式方法。

时代的车轮总是滚滚向前。但在新旧抉择面前,能否再多一点理性,多一点等待?毕竟,教育折腾不起,学生耽搁不起。哪怕事关一个微不足道的教师权威的话题……

思考 65 让学校的"非正式组织"做"正式"的事情

扬中教师发展中心的美术教研员蔡老师申报了一个省级课题，主题是以美术教师"自组织、自主、自助"的研修共同体，促进区域美术教学质量的均衡发展。用她的话来说，教研员首先是一名专业人员，更多地要通过专业引领带动一线教育教学的深化。同时，教研员还承担着一定的管理职能，需要担负起区域内教师发展与质量均衡的责任。但是，当前一个客观存在的事实是：教研员某种意义上做着部分"官"的事，却绝不是"官"。因此，仅靠行政性的上传下达，很难完成自己应尽的使命。这就出现一个"纠结"：一方面，教研员要带好、管好教师队伍；另一方面，又缺少必要的渠道和载体。为此，蔡老师和几个志同道合的美术教师在反复商量之后认为，教师的发展不能等，一定要有人先干起来。于是，他们首先发起扬中美术教师"读书沙龙"，试图从最基本的学习抓起，在不断增进美术教师凝聚力与学习力的基础上，促进专业的提升。经过一年的试验，效果非常明显。后来，他们又以美术教师"读书沙龙"为依托，成立"自组织、自主、自助"美术教师专业研修共同体，并确立了与美术教育教学及美术专业技能提升相关的项目，同时申报了省规划课题。

蔡老师及其团队的试验，一方面是一线教师立足实际、创造性开展工作的缩影，另一方面也从侧面反映利用非正式组织实现工作效能提升的现实功效。当年美国行为科学家梅奥在"霍桑"的工厂做过一个著名的"霍桑实验"。大意是这个企业以前也制定了规范的制度，福利、奖金也比较高，但是企业主痛感于靠制度、薪酬难以提升企业效能。梅奥等人介入后，成立了一个实验组和控制组。但事后发现，即使实际上没有给实验组更多的优越条件，实验组的产能还是增加了。很大程度上就是因为，参与实验组的人无形中形成一种向心力、荣誉感，增加了工作投入度。这就是企业中"非正式组织"的作用。

学校是一个有关师生成长的教育教学系统，也是由校长室、教导处、德育处、年级组、教研组以及工会、共青团等机构组成的组织化系统。教师一天的工作，实际上被安排在各种各样的组织之中。比如，在教研组中备课，在年级组中上课，接受各部门乃至校长室的安排，参与各种各样的活动。这些"正式"的组织及其随之而来的各种制度，规定了教师的言行，确保了教师工作的方向与规范，但也制约了教师的个性，影响了教师个体优势的发挥、相应情绪的释放。尤其是在互联网时代，教师不仅具有"教育人"的身份，还兼有"社会人""网络人"的角色，既有表达个性的需求，也有展现个性的期待。"互联网+"时代与社会的深度转型，又为教师的个性表达与表现提供了机会和平台。于是，我们会发现：在线上，不少教师组成各种各样的"朋友圈"；在线下，更是组成各具特点的"驴友团""健身团""读书会"。一个学校中，"非正式组织"高频率涌现的潮流正在形成。

既然有了"非正式组织"，就自然有不一样的能量释放，给学校的管理及教师的专业发展带来全新的挑战。"非正式组织"到底是学校"正式组织"力量的隐性损耗者甚至是有形对立者，还是学校正能量的强化者、面向共同发展目标的同行者？这不仅取决于"非正式组织"的成员，更取决于学校决策者的态度与"正式组织"的管理。事实上，除了蔡老师在扬中教师发展中心支持下成立的美术教师"三自"研修共同体，江滨小学的青年教师"读书会"已经有序活动了五年之久。丹徒江心实验学校的"奋青俱乐部"、丹阳后巷幼儿园的"青苗工作室"和运河幼儿园的"新田园工作室"，以及镇江教科所与京口教科所联合组织的"青年教师成长接力团"也在实践中取得了积极的成效。这都说明学校中的"非正式组织"，不仅应该而且完全可以发挥更加积极的、"正式"的促进作用。

让学校的"非正式组织"做"正式"的事，可以激发教师自主发展的积极性，促进一切劳动、技术、管理和智慧的活力竞相迸发，让一切创造价值的源泉充分涌流。它更可以激励教师通过多种途径和渠道提升专业素养，增加个人的价值感和幸福感，提高工作和生活质量。个人、小团队的力量汇入学校、区域的大潮，彼此影响，相互促进，互利共赢。

如何让"非正式组织"做好"正式"的事？首先，与学校有共同的愿景，只有大方向一致，才能真正求同存异，取得实效；其次，有具备较高思想觉悟与专业能力的"核心人物"，只有领军人物自觉带头，才会有其他成员的有机跟进；再次，得到来自"正式组织"的关心与信任，只有不把客观存在的"非正式组织"及其成员视为"另类"，大家才可能成为发展路上的真正同路人。

时代在发展，教育在变革，学校的"非正式组织"越来越多。让"非正式组织"做"正式"的事，不是权宜之计、无奈之举，而是因为学校的事本来就是大家的事，就是每个教师的事。

思考 66　按下什么"葫芦",起了什么"瓢"

望文生义也许是识几个字的人的本能。所以,当看到"公说公有理,婆说婆有理"这句话时,如果抛开它后来附着的略带贬义的引申意义,只看其原始的字面理解,其实是很有道理的。各人的立场、需求不同,思维模型、逻辑线路不同,其理念、见解乃至后续的行动自然不同,必然导致观念的冲突以及行为的难以选择。

当下,教师其实很大程度上就处于这样的处境,就是做什么都会有人不满意,怎么做都会有人说不。比如,明明只想教育一下学生,便有家长投诉教师体罚或变相体罚;明明只是在课堂上多说了几句话,便有专家提醒"要尊重学生的主体地位";明明好不容易一个星期天或寒暑假与三五友人出去旅游放松,便有教育行政部门告诫"影响其他职业人士情绪"……

于是,教师这个职业的现实负担与心理负担日益加重,职业自豪感与幸福感连遭"降维打击"。学生或学校一有风吹草动,不问青红皂白,教师首先成为怀疑的对象,网络上先来一轮轰炸,教育部门再出台几个规定。即使后来发现只是个别人生了病,却偏要让所有人吃药,甚至根本就是冤枉了教师,搞事的人也会以一句"有则改之,无则加勉""防患于未然"全身而退,只留下教师自舔伤口,第二天继续上课……

这样的事一再发生,就是要硬生生将被誉为"太阳底下最光辉职业"的教师逼到社会"弱势群体"的行列。这种污名化、妖魔化教师队伍的后果,要么让不少教师萌生退意,"世界那么大,我想去看看";要么让更多的教师迫于生计,苟延残喘,却疲于应付,难免"身在曹营心在汉"。

造成这样的局面,是那些原来批评教师的家长、专家、领导始料未及的,又进一步证明他们的先天正确性。于是,新一轮戏码再度上演,新一轮

"降维打击"在所难免。

这就是所谓的"按下葫芦起了瓢":

家长明明想让教师对自己的孩子好些、更好些,可教师连最起码的教育自主权都在不断丧失,他怎么对你的孩子好,又如何表达好?

专家明明想让教师专业发展得更快些、更好些,可是偏离实际土壤的空头理论一方面难以落地,另一方面又给一些抓住三两名言、几个名词的不明真相的吃瓜群众提供了批评"炮弹",真正让教师雪上加霜。

教育行政部门出台各种规定,实施各种检查评比,明明是想提高工作效率,事实上反而加重教师的负担,助长学校各种创建迎检中的应付风气。

各种良好的愿望在现实的一锅粥中纷纷变形、走样甚至落空,而教师更成为里外不是人的那一个……

这似乎成了一个死结。

但是,这种"公说公有理,婆说婆有理"的窘状,"按下葫芦起了瓢"的问题,真的就无解了吗?

首先,进一步理顺关系。一方面,必须确认,无论时代怎么变,教师与教育总处在各种关系中,尤以师生关系、政师关系、家师关系为重点;另一方面,也必须承认,时代确实已发生巨大变化,三大重点关系随之发生重大变化。因而,每一对关系的利益主体都要随之发生自然、自觉的变化,不能只看到"此"的变化而无视"彼"的变化,也不能只停留于"此"而无视"彼"的变化。

其次,进一步理解需求。变化了的关系,变化了的利益主体,自然产生不一样的需求。教师的服务说到底不过是对各方主体需求的尽量满足。但正如家长、行政有需求,教师也有需求,教育的柔性发展、和谐发展绝非某一需求的单兵突进,而是多主体需求的妥协与适应。出于职业的要求,教师可以压抑自己的个人需求,但绝不能无视其基本的人格需求和变化了的职业需求。靠行政管控、舆论压力一味按下去的"葫芦",终有一天会浮起大家都不愿看到的"瓢"。

再次,进一步融合行动。面对"公说公有理,婆说婆有理"的尴尬,各方面基于自身判断展开应对行动,内外上下、纵横左右的压力与要求最终都集中在学校和教师身上。要么失之于重,要么失之于偏,导致"按下葫芦起了瓢"的恶性循环。问题不在于要不要行动，而在于如何行动。基于关系顺畅、需求对接的行动，才是相向而行的行动，才是真正有效的行动。所以，教师也好，家长也好，局长也罢，多一些换位思考，多一些真诚贴近，多一些事前商量，行动才会更稳一些，折腾才会更少一些，教育前行的步子才会更踏实一些。

社会转型时代，利益多元化的格局下，"公说公有理，婆说婆有理"的情况一定会长期存在，"按下葫芦起了瓢"的尴尬也会时常出现。只要眼光更长远一些，行动更理性一些，天下的"理"都会归于促进学生成长的"理"。按下寄托所有教育相关人期望的"葫芦"，才会真正浮起学生成长、各方满意的"瓢"……

那英唱的那首歌仿佛是真理：借我借我一双慧眼吧，让我把这纷扰，看得清清楚楚、明明白白、真真切切……

思考 67 应对"课堂答错"中的教师智慧

人非圣贤，孰能无过。既然学生的学习是一个在教师帮助下（至少在目前尚难实现所有学生所有方面的完全自主学习）不断认知、积累，探究、实践、反思、提升的过程，那么，就必须承认并允许学生犯错。从某种意义上说，犯错甚至会成为激励学生深度学习的动力、契机与资源。不妨换言之：学生学习成长的过程，本质上不过是不断发现、反思并改正错误的过程，因而教师的本职不过是始终以一种大胸襟容错，以一种大智慧待错，以一种科学策略与学生一起纠错而已。如何对待学生犯错，一定程度上成为普通教师与优秀教师相区分的标志。

具体到课堂上的教与学，如果这个课堂不是时下所谓师生事前已经一起磨了多少次、共同表演得已经严丝合缝的"完美"公开课，再优秀、再有名气的教师课堂，也会遭遇学生这样那样的犯错。哪怕是寥寥数语的课堂对话，瞬间即逝的师生问答，关键是看教师关注与否，以及如何应对。

在由镇江市教科所牵头的"家常课"研究共同体的专项活动中，来自句容二圣小学的谭老师就上了一节《字母表示数字》的观摩课，主要涉及字母表示变化中数字的要求（简洁、便利、概括等）、形式（一个字母与多个字母等）及取值范围。谭老师从几张扑克牌中字母表示特定的数导入新课，从学生感兴趣的火柴棒摆三角形入手，让学生形成 1×3、2×3、3×3……直到 $a\times 3$ 的思维惯性，由浅入深、由表及里、由学到思、由思到练。一步步，教师启发清晰，学生学得轻松，课堂氛围活跃，师生问答流畅……应该说，这是一节相当成功的观摩课。但是在一些师生问答环节，在一些诸如"2个三角形几根火柴棒""年龄能否用小数"等细节问题上，在课后的教师研讨环节，听课教师展开热烈的讨论，甚至是激烈的争论。围绕如何对待学生

"课堂答错"，形成如下共识：

一是只要是真实的课堂，就必须让学生更多地参与学习，更多地回答问题；只要是真实的课堂，就必须允许并承认学生回答问题时的不完美，乃至犯错。

二是解决学生回答错误的问题，不能只是让学生明确答案，更应该发现犯错背后的逻辑，使之成为特定学生深度学习、其他学生借鉴学习，乃至教师专业提升的机遇与契机。

三是对待学生"课堂答错"的教师智慧，首先表现在如何区别对待到底是"真错"还是"假错"，是"生错"还是"师错"。

其一，一般情况下，学生回答犯错确实是真错了。比如，这节课中，在"2个x相乘"与"2个x相加"的区别上，不少学生未能一下子区分x的平方与$2x$的不同。谭老师特意放慢了节奏，通过进一步的师生问答和学生合作，较好地解决了这个问题，也为后续数学知识的学习奠定基础。

其二，有时学生回答错误，很有可能是情绪、审题或其他原因，一开始"发蒙"犯错，很快就会自己纠错。这个时候，教师的智慧就表现在要善于等一等、看一看，让学生自己纠错。在这节数学课中，有个学生将"$2a$"说成"$a2$"，谭老师装作不在意地朝其他学生示意："$a2$？"回答问题的学生立刻听出弦外之音，马上补充："最好写成$2a$！"还有个学生将"小明家离学校总长840米，已走了x米，还剩多少米"，答成"$840x$"，就在大家轰然议论的一刹那，他又伸了一下舌头，说"$840-x$"。这两个细节处理，谭老师都表现出等待的智慧。这些错实际上都是假错，学生能够自己解决，如果急于纠正，反而适得其反。

其三，有些题目，学生的回答貌似有错，但实际上并没有错。比如本节课在研究"小玲与妈妈年龄差距是28岁，那么小玲1岁时，妈妈是1+28岁，小玲2岁时妈妈是2+28岁……小玲x岁时妈妈是$x+28$岁"这一问题时，谭老师让学生讨论，x代表什么数，目的是要研究字母代表数字的取值范围。结果有个学生说x既可以代表小数，也可以代表整数的任意数。在其他学生的反对下，教师也作了总结：年龄一般不能用小数表示，而且人的年龄大多不会超过126岁。这一结论在课后研讨中受到绝大多数教师的反对，因为数学离不开生活，而生活的常识告诉我们，年龄有时必须精确到小数。

即使人去世以后，他们依然有年龄。如此看来，其实学生的回答并没有错，错的反而是教师自己的想当然和经验化。这个时候教师必须保持高度警惕，主动纠正错误，让学生的"不错"转化为深度学习、思考的资源。

总之，课堂很平常，学生回答犯错也很正常。对于追求更高效课堂的教师而言，学生回答犯错其实充满危机。应对不当，则推"危"向"险"，让课堂偏离正轨；应对得当，则转"危"为"机"，让课堂充满生机。

教师的智慧有时就体现在如何对待学生回答问题的一点点小错误上……

思考 68 谁帮教师"过三关"?

又到岁末年初,老人们已经在考虑置办年货,孩子们已经在讨论圣诞节怎么过,小夫妻已经在策划春节去哪里旅游,网络上在传播新一年春晚似是而非的各种"小道消息"……总之,一派祥和景象。但是,学校和教师却开始周而复始地进入学期结束的"大忙时节":各学科的考试,各种类的考核,还有各种表格,真是让人应接不暇。这其中尤其影响教师心情、牵扯教师精力的是"三大难关"。

一是"检查评比材料关"。学期结束,各有关方面检查考核工作的弦一下子绷得更紧,从校园安全到办学督导,从专业发展到各类创建,从系统内的各种"进课堂"到社会上的各种"进校园"。而且,每一个检查都要准备材料盒子,每一种创建都要多媒体汇报,每一个考核都要提交整改报告。担子挑在校长肩上,重量却压在一线教师的身上。于是,加班加点整材料、想方设法补材料,甚至千方百计"造"材料、"借"材料,一下子成为几乎所有学校、幼儿园的"风景线"。如果碰上较真的部门,或者检查标准前后不一致的处室,教师就只能自认倒霉,重新来过。说实话,学校发展离不开方方面面的支持、指导,因此,有些检查考核非常必要。但教师也是血肉之躯,其本身的教育教学工作已经很繁重,即使不考虑家庭、孩子,他个人也会疲劳。我们已经不止一次地呼吁减少不必要的检查考核,杜绝形式主义的检查考核,但平心而论,效果并不明显,甚至有点儿变本加厉。

二是"绩效考核计较关"。对中小学幼儿园教师实施绩效工资制度,体现了党和政府关心教师、落实教师法定地位的初衷。但由此却带来一个让各级领导和校长头痛的问题,仿佛一夜之间,原来那支默默奉献、不计较个人得失的教师队伍中,突然冒出不少斤斤计较的"刁民",或者为一节课的工作量与教导处干部争得面红耳赤，或者为谁得到考核优秀，甚至为某次开会迟到与校长闹得不欢而散。其原因到底何在？真的是师德丧失、教风日下了吗？一个手掌伸出来，手指也有长短，我们不否认教师队伍中也许有无理取闹、自私自利的人，但坚决反对污名化整个教师队伍。事实上，解铃还需系铃人，反思这个问题，要回到这种绩效考核机制的导向上，回到教师"争"与"吵"的本质。更多的教师争的、吵的其实不是钱，不是排名，而是对自己工作的认可，是自己的职业价值和尊严。换个角度，我们也可以说，在貌似不讲理、斤斤计较的负能量中，其实本来蕴含着积极向上的正能量，关键看我们怎么引导、怎么对待。

三是"谨小慎微心理关"。一到学期结束，难免要组织考试，要考试自然有学生成绩的进退；进行各种校内以及班集体的评比，自然就有学生个体的得失。虽然我们严禁分数排名，但却难以阻挡家长对分数的关注；虽然我们尽量从激励学生的角度出发，更多地提倡对每个学生的个性化评价，但却无法得知哪些学生和家长心理落差的程度及其后续反应的烈度。特别是岁末年初，学期结束，各种安全事件又到了高发期，一旦有个三长两短，难免会激起难以想象和控制的舆论风潮，逼得一线教师只能更加谨小慎微乃至胆战心惊地工作，更加如林黛玉般"不可多说一句话"。长此以往，影响的固然是教师的心理健康，还有教育的可持续发展。

之所以"检查评比材料关"屡攻不克，根本上在于教育政绩观不科学以及不协同、不高效的学校管理机制的制约。要让教师真正过好这一关，说到底是要建立现代学校制度，切实赋权给学校，还权给教师，让教师真正成为学校的主人、教育发展的主人。

之所以"绩效考核计较关"屡攻不克，根本上在于教师管理的策略陈旧与评价机制的机械。要让教师真正过好这一关，说到底是要坚持定性评价与定量评价相结合，精神激励与物质激励相结合，切实将学校的兴奋点转移到教师的教书育人上来，将教师的关注点转移到专业发展上来。

之所以"谨小慎微心理关"屡攻不克，根本上在于对教师工作本质和教师地位的漠视，还在于家校关系、学校与社会关系的不自然、不和谐。要让教师真正过好这一关，说到底是要进一步尊重教师的工作，关心教师的身心，同时依法重构学校与社会、教师与家长的关系，切实聚合教育发展各方面的资源，聚集引领学生成长的各方面力量，努力让教师自信阳光、心情愉快地投入本职工作中去。

教师肩负着陪伴、促进人的发展的重任，但他们首先也是人。人的工作需要尊重人的规律，体现人性的需要。帮助教师过好"三关"，需要教师主体的觉醒、法律意识的增强和专业能力的提高，更需要教育行政部门、学校和社会的共同理解、自我改革与全面支持。这是坚持以人为本的体现，也是真正落实"以学生为中心"思想的要求。

教师不是三头六臂，没有通天大法，请实实在在地帮助教师"过三关"！

思考 69 班主任与科任教师：建一个什么样的团队

相比我们已经习惯了的传统的班级、课堂，处于深度转型过程中的学校及教师确实有点"宝宝心里苦"：一方面，促进学生个性发展的理念必须落实，"满堂灌""大一统"的课堂模式必须扬弃，张开双臂迎接以"互联网+"及人工智能为主要特征的"未来学习"；另一方面，未来学校不会一夜之间到来，班级授课制也不会一夜之间取消，知识与考试依然对学生可以看见的未来起着至关重要的作用。如何在一个由数十个人组成的集体中体现现代教育理念，向着未来学校前行，其实是一个"穿老鞋"却必须"走新路"的过程。为此，教师内心的纠结，教学与管理的顾此失彼，是可想而知的，也是可以理解的。

但是，正是这样的纠结可以想象、可以理解，才进一步说明改变这种"两头不落实"的状况有多么重要，多么迫切。其中一个或许不太起眼的问题，必须引发我们的关注与深思，这就是班主任与科任教师的关系问题。

不管时代和教育怎么变，至少在当前，一个班级总需要一个班主任，总离不开或多或少的科任教师。在传统的学校管理中，班主任由学校德育处任命，主要负责班级日常的秩序管理、活动开展与德育教育，有明确的职责范围。科任教师由教务处或者年级组安排，一般只负责本学科的教学，充其量负责自己授课时的学生教育与管理。所以，班主任与科任教师之间，其实是一种松散的、随机的"搭班上课"的关系。二者关系的密切程度，往往取决于个人私下关系的亲近程度。班主任与科任教师能否合力共建坚强团结的班集体，是因人而异的。更何况，不少科任教师不只是执教某一特定的班级，繁重的教学任务也使其很难腾出手来专注一个班级的管理。

这种松散的、随机的关系，在传统的教学管理语境下，是可以理解的。

学校主要追求的是学生的知识掌握程度，每一位教师包括班主任，往往只需要对学科教学成绩负责。但是，在当代教育转型、课堂革命的语境下，学生在班级里学习的不再只是僵化、陈旧的知识，而是鲜活的生活；教师传授给学生的不再只是条条框框的知识点，而是人格的铸就、素养的培养和生活能力的提升。换言之，班级与课堂正在从单纯关注"知识"，向重点关注"人"深度转型，必然要求每一位班主任和科任教师，更紧密地走到一起，从单纯对考试负责的松散型组织走向对学生生活与成长负责的紧密型、融合型团队。

如何建设班主任与科任教师合作的紧密型、融合型团队呢？或许丰田汽车新产品研发流程改革的一些经验，值得我们借鉴。20世纪70年代以前，在开发新产品或研发新车型时，丰田都有比较严格的制度和刻板的流程：研究—工程设计—制造—营销—售后。会计部门只有在制造阶段才会介入成本核算，除非有重大危机，人事部门一般不会介入新产品的开发。这种流程管理就像一支棒球队，将每个人固定在特定的岗位上，只管做好自己的事，虽然能够保证局部的质量，但也影响了工作时效，使企业成为某种指挥控制型组织。后来，丰田下决心改变这种状况。他们重新设计了产品开发架构。这个作业流程变得像一支足球队。在这个团队中，所有岗位既有既定的任务，又必须相互支持；既有个性化的行动，又更强调整体协同，随着任务变化而同步运作、前行。慢慢地，企业团队从指挥控制型转变为有机协同型。以前，丰田新车开发往往需要5年，而到了20世纪80年代只需要1到1.5年。这种效率的提升，成为丰田迅速打开欧美市场，出现"有路必有丰田车"盛况的重要原因。

后来，著名的管理大师德鲁克（Peter Drucker）在研究这一现象时，特别强调了团队组织的重要性。他指出，"由于现代组织是由知识型专业人员所组成的，因此无论是同事还是伙伴之间，组织内一定要讲求平等……组织成员的绩效，要看他们对整体任务的贡献度而定……因此，现代组织不应该设计成有上司和下属的关系，而应该设计成工作团队"。

德鲁克的这句话是对企业说的，对学校特别是对班级管理同样有重要的启迪意义。班主任与科任教师都是"知识型专业人员"，他们的绩效不只是各自学科的教学成绩（在今天，这仍然至关重要），还要看他们"对整体任务的贡献",也就是对学生作为"人"整体发展和对班级作为"团队"整体发展的贡献。班主任与科任教师既不是"上司和下属"的关系,也不是松散的"搭班上课"的关系,其本身必须是一个有机的、融合的团队。

那么,班主任与科任教师到底怎样建构一个合作、高效的团队呢?德鲁克进一步指出,工作团队其实有三种表现形态:一是棒球队型的,每位队员固守各自的位置,彼此之间缺少协同;二是足球队型的,每位队员有固定的位置,但随着整个球队同时移动,或进攻或防守,保持相对固定的队形;三是网球双打型的,每位队员要适应队友的性格、技能及优缺点,适时适当进行自我调整,寻求团队能量的最大化。由此看来,班主任与科任教师的团队,理应摒弃"棒球队型",选择"足球队型",最好追求"网球双打型"。

如何建构一个班级管理的"足球队型"或"网球双打型"团队?一是要有共同的价值与目标追求,这就是一般意义上学生的成长与特定的、大家共同认可的班级文化。二是要有彼此分工、协同配合的管理自觉,形成以班主任为中心的"管理阶层"。当然,这种管理阶层的主要任务不是指挥和命令,而是激励和鼓舞士气。三是要有相应的管理评价制度,加快推动教师绩效评价从单一的学科教学成绩向综合的学生发展与班级提升转型。

学生要成长,班级要变革,催逼每一位班主任和科任教师走到一起,从松散的组织走向融合的团队,从随机的组织走向生长的团队。真正驱动这一规模虽小却被寄予厚望的团队建构和有效运行的,其实是人师之责、爱生之心。只有价值,才能推动团队之船远航。

第五辑 怎么让笑容直抵孩子内心

思考 70　让创新思维弥漫校园

党的十九大报告第五部分"贯彻新发展理念，建设现代化经济体系"之第二条——"加快建设创新型国家"，对鼓励和促进创新作出专门论述：创新是引领发展的第一动力。要瞄准世界科技前沿，强化基础研究……倡导创新文化……培养造就一大批具有国际水平的战略科技人才、科技领军人才、青年科技人才和高水平创新团队。由此论述思考教育。当前，确实已到"让创新思维弥漫校园"的时候了。

德鲁克指出，未来是无法预知的，唯一能够确定的是人类可以通过有目的的行动来塑造未来的世界。最能有效激励人类采取这种行动的，就是创新的"构想"。

其实，早在 20 世纪 90 年代，不少学校已经开始了创新思维进校园、进课堂的试验。21 世纪以来，不少科普学家、创新思维专家和有远见的实业家走到一起，开始了中小学生创新思维课程研发的艰苦工作。由中国信息协会教育分会牵头、北京惠众教育研究院开发的"创新思维"课程，陆续进入了实践操作阶段。但是平心而论，当前创新思维在校园、在课堂还是遭遇到了一些现实瓶颈，主要表现为校长、教师及部分家长对创新思维能不能教和学、如何教和学的担心与质疑。要回应这些担心和质疑，恐怕有几个问题必须说清楚。

一是创新思维到底是一门专门课程，还是一种思维品质？说到底，创新思维是人与生俱来的思维潜力和思维习惯，它属于人的核心素养的重要组成部分。但是创新思维需要被唤醒，也可以去学习。学习的方式和路径无非有两种：其一，教师提升创新思维教学的自觉性，在日常教育教学中，不断融合创新思维的培养与训练，应该说，这是创新思维培养的主渠道。其二，学校有意识地在课程规划里纳入专门的创新思维课程，通过有目的的学习与训练，促进创新思维习惯的形成。这一渠道越来越受到不少有远见的校长和教师的关注。创新思维的培养不能等，现实中教师创新思维的素养也需要同步提高，通过专门的课程学习和训练，确实可以起到事半功倍之效。这一点，上海市长江路小学等学校的实践，已经给出明确的答案。

二是创新思维课程是否只有大学校、高年段学生才能开设？大学校调动资源能力比较强，高年段学生思维基础比较好，这些都为创新思维的培养提供了有利条件。但是创新思维的一个本质是它具有突发性、低成本，大学校可以培养，小学校一样可以。当年德鲁克就专门研究了曾经微不足道的小企业比如IBM、施乐等的发展道路，发现它们都非常"善用绝佳的构想塑造未来"，这就是创新。此外，创新思维还有一个重要特征，就是想象力。小学生正处于想象力培养的关键期，同时也正处于想象力释放的"涌泉期"，为此，让创新思维进入低年段学生的课堂，进入他们的生活，不仅有必要，而且完全有可能。

三是创新思维培养的"VIP"是谁？培养创新思维的起点与归宿无疑都是广大中小学生。但是真正让创新思维在校园弥漫和落地生根，教师却成为最重要的"关键人"。这就要求教师在三方面下功夫：其一，加强对创新思维理论、方法的学习，努力走在学生的前面；其二，切实处理好日常课堂教学与创新思维融合的关系，不断改进课堂教学，让每一节课都充满创新的"味道"；其三，立足校情，积极开设创新思维课程，组织专项社团活动，主动带领学生走进社区、走进企业、走进生活，力求以少带多、以点带面，促进创新思维培养的成效不断显现。

四是创新思维教育的合力如何形成？创新思维的培养与教育非一朝一夕之功。除了教师的不懈努力，方方面面都应该为创新思维之风在校园的弥漫添砖加瓦。比如，教育行政部门要切实加大对创新思维教育的基础性投入。当前，各地教育部门在信息化、创客实验室等与创新思维有关的硬件方面的投入不断增加，这无疑是值得鼓励的，但与此同时，还需要着眼于细，着眼于远，不断加大对创新思维课程开发与建设等软件方面的投入。相比动辄成百上千万的硬件投入，对创新思维课程软件的投入，可谓不足零头，但其成效却是不可估量的。比如，学校要加快利用现有条件，加快调整课程规划，适当加大创新思维课时的投入，通过增加绩效、提供机会等多种办法，为有志于创新思维教学的教师提供更多正向激励。又如，广大家长要切实改变观念，真正从热衷于让孩子上各种辅导班、学习班的惯性中走出来，将课余时间还给孩子，将星期天还给孩子，鼓励孩子走进自然、走进生活，积极参加各种喜闻乐见的创新活动，在生活的大学校里滋养创新养分，养成创新习惯。

　　说到底，加强创新思维教育，让创新思维弥漫校园，不只是在落实党的十九大的精神要求，更是我们这个国家和民族真正走向复兴、我们每一个人走向幸福生活的需要。没有创新的企业没有前途，没有创新的民族没有希望，不重视创新思维培养的学校没有未来……

思考 71 教室里的"人类命运共同体"

党的十九大报告在第三部分"新时代中国特色社会主义思想和基本方略"中提出的第十三大方略,就是"坚持推动构建人类命运共同体"。报告指出:"中国人民的梦想同各国人民的梦想息息相通,实现中国梦离不开和平的国际环境和稳定的国际秩序。必须统筹国内国际两个大局,始终不渝走和平发展道路、奉行互利共赢的开放战略,坚持正确义利观,树立共同、综合、合作、可持续的新安全观,谋求开放创新、包容互惠的发展前景,促进和而不同、兼收并蓄的文明交流,构筑尊崇自然、绿色发展的生态体系,始终做世界和平的建设者、全球发展的贡献者、国际秩序的维护者。"

报告虽然谈的是国际秩序,但核心直指人类的本质、现状与未来,这就与基于人、服务人、发展人为旨归的教育有了极其深刻的内在共通性。在报告里,人类命运共同体可能更多的还是一种象征性的表述,着重强调的是正确义利观统领下的"共同、综合、合作、可持续"的新思想、"开放创新、包容互惠"的新前景,以及"和而不同、兼收并蓄""尊崇自然、绿色发展"的新实践。所有这些,何尝不是当下教育发展所必须遵循的新理念、广大师生必须践行的新探索呢?

抽象的人类命运共同体,总是由现实的人组成为大大小小、形式内涵各异的具体团队或圈子,如家庭、企业、国家……这里面隐含了两层意思:一是这些大大小小的共同体必须遵循人类命运共同体的基本价值与基本要求;二是在遵循共性要求的前提下,必须注重具体共同体的个性利益、个性发展,进而实现每一独立个体的个性发展。

学生是人类的重要成员,决定着人类的未来。学生的主要时间是在课堂、教室里度过的,所以说教室里的"人类命运共同体"关联着,甚至某种程度上决定着整个人类的命运共同体，恐怕并不为过。正是在这个意义上，佐藤学教授在十几年前就提出进行润泽教室的"静悄悄的革命"。

教室里的人类命运共同体，说穿了有三方面的价值追求：一是让其成为一个真正意义上的人，尊重生命价值，呵护健康成长；二是让其成为一个现代意义上的"人类"人，遵循共同价值，培养科学理性；三是让其成为他自己，发展自身个性，实现人生幸福。

基于此，教室里的人类命运共同体实际上具备三个鲜明的特征：其一，它是真正的学习共同体。本质上看，不学习的人只能是自然的动物，学习共同体归根到底是为了让学生成为真正社会意义上的人。其二，它是鲜活的生活共同体。只有带学生走进生活，体验生活，才能真正树立正确的义利观，不断形成"共同、综合、合作、可持续"的新思想，确立"开放创新、包容互惠"的新愿景，进而开展"和而不同、兼收并蓄""尊崇自然、绿色发展"的新实践，使其成为真正的理性人、"人类"人。其三，它是生动的成长共同体。在学校的学习、生活中，每个人吸取相同或不同的生命养分，发展自身的智能优势，弥补发展短板，寻找并开辟适合自己的幸福旅程，进而实现人与人的真正的和而不同，达到人类价值与自我价值的高度融合和最终实现，从而使自己真正成为不可或缺、不可替代的"那一个"。

要想将教室里的学习共同体、生活共同体和成长共同体，真正建设成为人类命运共同体的奠基石与增长极，必须有效处理好三对重要关系：一是包容与独立，这是从个人与他人乃至人类关系层面，对当代学生和教育的要求；二是继承与创新，这是从纵向历史层面对当代学生和教育的期望；三是付出与获得，这是从核心义利层面对当代学生和教育的召唤。理解了这三对关系，就理解了为什么要加强社会主义核心价值观教育，为什么课堂教学关联着学生的核心素养，也就理解了如何让我们的日常教育教学和课改真正落地。

万丈高楼平地起，教室里的人类命运共同体，是学生人生的新起点，也是学校教育发展的新机遇。当然，它也为建立真正的人类命运共同体提供了一切可能……

思考 72 清华附小到底"闹腾"了什么？

2017年10月，一则清华附小学生采用大数据进行苏东坡研究的新闻——"当小学生遇到苏轼"，在坊间不胫而走。内容涉及之广，话题探究之深，莫不超过一般人对小学和小学生的习惯认知，令人瞩目，乃至惊愕。

随之而起的是一片赞扬。有人以为这代表了中国教育的方向，习惯性地走在中国教育前面的清华附小，这次又担当起扛旗冲锋的重任。

继而，是一篇又一篇对当下小学教育，乃至整个中国教育的反思与批评。言下之意，以清华附小和那些做苏东坡研究的学生为标杆，现实中更多的学校和教师几乎还停留在远古社会，起码还停留在昨天。可以想象，那些与清华附小无论在生源、师资还是在资源、环境上都有着难以以里程计的差距的中小学校及其教师、校长，当然也包括本人在内，内心是一种怎样的崩溃、"灰溜溜"……

但是，好在4G时代发达的网络资讯，很快给了这些"灰溜溜"的教师、校长一些"安慰"：有消息披露，清华附小的这些"研究"，更多的是教师一厢情愿式的"命题作文"，更多的是那些精通软件、大数据的爸爸、妈妈"代劳"的，更何况一周左右的时间让一个小学生完成25万字，何况还是关于苏东坡的25万字的阅读量，也确实超出了小学生的能力范畴……于是，事情一下子发生反转。那些对清华附小的赞扬声被质疑声湮没，那些对当下大多数学校和教师的批评声虽然还在，却显然转移了……有专家给这一网络事件下了一个简明扼要的定义——"闹腾"。

网络文化的一个重要特征就是热点效应的快速转移与湮没。眼看清华附小的"闹腾"事件就要过去，我们还是抓住这件事的"尾巴"，要赶紧思考几个问题。

一是清华附小的出发点真的是"闹腾"吗？我坚决认为，也许当前中国教育的确存在不少沽名钓誉之徒，哗众取宠、弄虚作假者也不在少数，但是一直站在中国教育改革前沿的清华附小，恐怕已经不需要一个弄虚作假的网络事件炒作自己，这是一个不争的事实。换言之，我宁可相信，他们的出发点是真诚的，是有见地的，是为了探索一条小学生研究性学习的创新之路。但是问题在于，有真诚的出发点，是否就有好的结果，尤其是教育更加经不起过程中的折腾，这很值得我们深思。事实上，抱着美好愿望却蛮干式推进的现象，在中国大大小小的学校依然在不停上演着。所以，清华附小的"闹腾"固然需要他们反思，我们也一样需要"服药"。

二是中国小学教育到底需不需要大数据，需不需要研究性学习，甚至需不需要家长、教师的提点和帮助？答案显然是不言自明的。有专家说，当今时代已经进入"网络原居民"时代，当下制约教育向前发展的一个明显的尴尬，或许就是由一些根本不懂信息化的"网络难民"或一知半解的"网络移民"在教授"网络原居民"。所以，如何让中小学生尽快适应大数据时代，尽早学会利用大数据学习，理所当然是学校教育的一个重要使命。此外，人非"生而知之"。尤其是小学生，一开始更多的还是模仿式学习、体验式学习，培养学习习惯、研究习惯。从这个意义上说，让孩子的爸爸妈妈参与到学校的教学研究活动中来，甚至为孩子提供更多的帮助，都是可以理解的，也是值得提倡的。毕竟，孩子跟父母学习的更多的是一种研究方法和路径，而不是具体的答案和结论。如此看来，清华附小的"闹腾"也就有了一定的现实意义。

三是清华附小到底"闹腾"了什么？既然肯定其研究出发点、研究的方法和路径，那么清华附小到底"闹腾"了什么呢？拨开现象的云雾，起码有两方面值得我们警惕：其一，或许他们从披露这则消息的一开始就应该向大众说清楚，这是学生、教师、家长多方合作的结果，如此，社会的质疑和批评就会更多转变为对完善这一创新本身的研究。事实上，小学生的成长首先是人格的成长。在学生何以取得研究成果这件事上，让真相有意无意地"隐去"，客观上会导致人们"让小学生参与说谎"的猜想。我想，这一定不是清华附小的教师愿意看到的图景。其二，或许他们不应该如此急切地赶在某个时间节点，比如新学期之初、党的十九大召开之前，向社会公布他们并不非常成熟的研究成果。即使有良好的出发点，即使这个课题的确具有许多可资借鉴的价值，这样的"献礼"行动，多多少少已经超越教育范畴，让人看到了功利影子的隐约闪现。

教育是一件特别有意义也特别微妙的工作，它本身鼓励各种探索和创新。但教育又是一件需要耐得住寂寞、坐得了冷板凳的工作，需要摒弃一切急功近利与炒作招摇。清华附小的"闹腾"总会过去，但是现实教育教学实践中还有多少"闹腾"在继续呢？我想，有时候带着真诚目的或功利目的的"瞎折腾"，比"不折腾"还要坏。因为它可能会导致这样一个结局：播种的是龙种，收获的却是跳蚤。

思考 73 从校庆的"升级换代"说起

金秋时分，天高气爽，又到了大大小小、老老新新学校忙校庆的时节。"人事有代谢，往来成古今"。利用校庆，强化校史教育，梳理办学历程，展示办学成效，集聚发展人气，瞩望美好未来，一次高质量的校庆活动，往往能起到聚能量、搭平台、推提升的复合作用，实际上已成为促进师生乃至家长共同成长的机遇和课程。从这个意义上说，隔一段时间，办一次校庆，倒真不是一些人站在"道德高地"进行的诸如"哗众取宠、铺张浪费、吸引眼球"等主观臆断所能否定得了的。往深处说，学生在校学习、活动的过程，说到底不过是烙印成长记忆的过程。一次师生深度参与、共同付出的校庆活动，哪怕是遇到一位校友，参与一次演出，往往会成为他们人生中最深刻的记忆，潜移默化中滋养自我成长。或许，这就是校庆的终极教育意义。

但是不知不觉中，时代在变，师生在变，各种校庆的组织方式与呈现方式也在悄然发生变化，进行着理念更新与升级换代。以本人从教20余年来参加的数十次大中小学及幼儿园校庆活动的经验观之，大概有三种类型。

一是1.0版校庆：20世纪90年代早期，由于提倡"人民教育人民办"，允许学校集资、创收，所以那个时候的校庆，往往变成精英校友的走台秀、方方面面的捐资秀。一场校庆下来，虽不至于赚个盆满钵满，但多少有些收益，起码能够帮助学校、师生渡过一些发展难关。事非经过不知难。站在今天回望1.0版校庆，恍如隔世。有道德绑架者或许还会就此提出各种批评意见。但是如果我们带着一颗真诚的、实事求是的心，回到那个时代、那个场景，也许就会对当时办学条件的艰苦有更深切的体会，对校长和师生的努力有更真切的体谅。

二是2.0版校庆：新世纪之初，政府取消农村教育费附加，同时加大财政教育投入，过去拉赞助、找捐款的政策环境不存在了，校长们的日子也一天天好起来。加上"教育即生活"的理念，素质教育的要求日益深入人心，学校的校庆也随之发生深刻变化，从当初的集资秀变成师生才艺秀、学校办学成就展。那个时候，一台高品质的文艺演出，一个记录历史、展现当今、憧憬未来的校史馆，一本黑白照片和彩色照片呼应、配之以或抒情或写意文字的校庆纪念册，几乎成为各种校庆的"三大标配"。当然，客观上是否有少数学校过于唯美的自夸，是否有少数校长刻意追求的"政绩"，甚至过于追求"场面"的攀比，就是仁者见仁、智者见智的问题，也是得失已自知的问题了。但不管怎么说，将校庆办成一个师生共同参与的、展示成就的节日，总是一条良性发展之路。

三是 3.0 版校庆：党的十八大以来，随着中央八项规定的深入人心，更随着现代办学理念的深入人心，1.0 版的拉赞助、送人情的校庆几乎已经绝迹，2.0 版的"三大标配"也在极速瘦身，校庆越来越回归到校史钩沉、激发能量的动力本位，回归到校友回家、师生欢聚的节日本位，也回归到展现当下、共创未来的发展本位。但是在这样的回归之中，又出现一种重视科研的走向，即在原来"三大标配"之外，再加上一场高大上的研讨会。比如，请出几个精英校友，再请几个业内名人与媒体人士，围绕学校某项改革、某种模式、某种课程，展开研讨，形成共识，推出成果。对此，持旁观心态的人或许会淡然一笑，持批评意见的人可能早就按捺不住。但是且慢，抛开那些形式主义的外衣，甚至抛开一些人急功近利的追求，我们是否看到一种重视研究的健康力量在慢慢生长？我们是否看到学校正一步一步走在内涵发展的道路上？

三个版本的校庆，记录的不只是校庆活动发展史，更折射出教育政策与环境的演化史，办学理念与模式的变革史，一代代校长、师生的探索与实践史。正如没有完美的生活，也没有完美的校庆。回顾、研究小小校庆活动的递嬗历程，其实是对办学者的自身诊断与自我思维方式和发展模式的切换。乐观主义者的历史观从来不是自以为是地抹杀遗憾、雕琢完美，而是自觉顺应时代、人心，坚信可以减少遗憾，走在通向更加完美的路上……

教育在继续，校庆仍在开展。带着一颗升级换代的大脑，一颗乐观进取的心，参加校庆去。

思考 74 "高大上"背后的"童子功"

国庆长假后，我到江苏科技大学附属小学调研。蔡艳校长热情告知，该校已成为江苏省 STEM 教育实验学校，其中，基于"STEM+"理念的"阳光小创客"成为省教育厅特色文化建设项目。同时，蔡校长还提到，应写字教育全面推进的新要求，他们学校正在探索一个全新实验，即运用创客学习方式，努力建构校本化的小学生书法课程。蔡艳做事向来很投入，也有开展儿童书法教育的经验。但在其刚刚履新的江科大附小，坦率地说，书法教育的基础与资源并不算丰厚。在这样的学校建构小学生书法课程，还搭上现在炙手可热的"STEM+"创客学习，这样的"跨界混搭"未免过于新潮，某种程度上会给人一种虽然"高大上"却"难落地"的担心。但是，蔡艳坚持认为，开设书法教育课程并不是为了完成国家课程计划，做特色项目以"夺人眼球"，而是为了将小学生书法教育引向深入，进而培养学生的核心素养。随着和蔡校长交谈的逐渐深入，在研读学校课程方案、参与课堂教学特别是与课程团队教师热烈探讨以后，原来的质疑化为欣慰，甚至有些让人感动。原来蔡艳和她的团队在"高大上"的创客学习的背后，做着的都是实实在在的课程探索的"童子功"。

一是"新潮"背后的"思想功夫"。江科大附小基于创客学习的小学生书法课程的建设，其实回答了两个重要的课程思想：第一，创客学习作为一种全新的教育理念，如何在小学教育落地特别是如何渗透在学生的生活学习中？必须找到既为学生喜闻乐见，又是学生成长必需的有效载体。书法教育正是一个特别有意义也有意思的选择。这不仅是因为国家已经将书法教育正式纳入小学课程，更是因为小小的书法课程内含着培养现代化的"中国人"这样一个宏大命题。第二，小学生书法课程到底是一门写字之"技"，还是一种成长之"道"？书法首先当然是一门关于用毛笔书写汉字的技术或艺术，但其中更隐含审美、个性、规范的文化特质，直接关联着小学生核心素养的培育之"道"。换言之，如何结合学生的特点，有针对性地发掘书法教育中的素养，就成为我们必须回答的问题和必须付诸的行动。因此，江科大附小的这种"跨界混搭"，确实体现了较深远的思想价值和较高的课程定位。

二是"愿景"背后的"建构功夫"。有了课程价值观，就有了共同的愿景和追求，关键的是如何建构一个基于校情、符合学情、融合资源且有可操作性的"适合"的课程。"STEM+"小学生书法课程的建构，凸显了四方面的可贵之处：第一，突出课程建构的儿童本位。一门小学课程建构的却是有着五千年丰厚文化底蕴的书法文化，如果不从学生发展的角度选择内容，制定目标，确定形式，这样的课程永远不能真正走近学生。第二，突出"法""技""道"交融的课程追求。庄子云："技进乎道。"书法有"法"，它蕴含着中国文化精髓的"道"，但这种"道"是通过不断提升的"技"体悟深化的，"技进"才能"道达"，"道明"才能"技精"。第三，突出习惯养成的课程基础。良好正确的书法习惯，对日后"技进乎道"同样至关重要。"STEM+"小学生书法课程细分了课程内容，将国家课程未具体化的书法习惯和书法技能进行课程化开发，建设成有目标、有层次、有序列、有评价的课程，采用童趣的形式，引导不同阶段的学生在"好玩"的中修炼，进而感悟体会，真正找到儿童学习书法的关键。第四，突出创客学习的创新性实践。创客学习的方式，是一种"制造"的过程，这种制造未必都是创新，但指向"实用"，指向学生的"需求"。"STEM+"小学生书法课程中项目化、主题化的创客实践活动，是基于问题、基于兴趣的一种可选择的跨学科学习，在本质层面是一种操作性学习，其核心是知、行、思、创各类素养能力发展的统一。翻阅学生完成的探究报告发现，这种新型的学习范式嫁接到内涵丰富的书法课程上，确实不是简单的"拉郎配"，它为创新思维提供了广阔平台。在此平台上，那些事关学生成长的重要的问题、敏锐的发现、丰富的想象、适切的操作、精确的表达、自然的合作和有机的迁移等，都有了发生的可能。

三是"行动"背后的"落实功夫"。课程建构得再完美，不落实也只是"海市蜃楼"。为此，江科大附小改变管理职能，不仅建立了课程发展中心、学生发展中心、教师发展中心，还建立了 STEM 项目中心以及与绩效工资并联的课程评审奖励制度，从组织制度、常规管理上保证了课程的发展。与此同时，他们还进一步强化教师团队的专业发展。本次调研即观摩了 8 个项目组的分组研究，这已经是本学期的第四次。每一次都有主题、有重点，每个研究组都建立了研究课题和课程开发的目标。学校还为每位教师建立了"阳光 STEM+ 教师成长档案"，通过专业培训提升教师团队的课程开发力和课程引导力。在此基础上，结合书法课程框架设计，编制校本化的书法课程指导纲要，制定实验年级的评价体系；同时，开展书法课专项集体备课，设置课堂观测表研究课堂的问题。学校开设了多种创客学习背景下的学生社团，对每一次社会实践活动进行课程化的构造……一份份研究报告见证着师生探究的快乐，记录着成长的足迹。此外，学校建设了书法专用教室，为学生提供摆放书法工具的橱柜，为教师提供书法必备工具，从物质环境等方面为课程落实提供了保障。

"高大上"的背后有着"思想的功夫""建构的功夫""落实的功夫"，所有这些功夫就是着眼于学生当下、放眼于学生未来的"童子功"。这让我们有理由期待与坚信，伴随小学生书法童子功的不断"锤炼"，江科大附小校本化的书法课程必将越来越丰厚，学校发展也必将越来越好。更为重要的是，全体师生将在"高大上"背后的"童子功"中获得越来越多、越来越真实的成长。

思考 75 让教育论坛回归本位

当前，作为教育向内涵发展、学校向科学研究要质量的一个重要标志就是，各种各样的教育论坛、研讨会纷纷登场。有的论坛因为所论题目颇具前瞻性，所请嘉宾非常大牌，还往往被冠之以"高端""精英"之名。的确，通过论坛明确发展走向，通过研讨诊断现实问题，通过面对面与专家、大师对话，感受具体工作收获之外的某种力量，可以说，无论是对一线学校和教师，或者是对区域教育乃至全国教育发展，都具有很重要且很现实的推动作用。

但是话又说回来，一线教师的时间都非常宝贵，难得抽时间出来听报告或讲座，还要急匆匆赶回去补上所落下的教学工作。因此，大家对参加这种教育论坛其实是怀着极其复杂的态度：一方面，希望论者能够对自己醍醐灌顶；另一方面，又对某些打着"高大上"旗号，实则"旧瓶装新酒"的论坛嗤之以鼻，觉得浪费时间。至于论坛搭台，利益驱动，更为广大教师所不屑。一线教师和校长欢迎真正有效、有益的论坛，反对的是那些华而不实的"论坛秀"。为此，有必要呼吁：让教育论坛回归本位。

一是要有"虚论"，更要有"真论"。论坛总要有主题，有主题总要有相关的理论宣讲与探究。但是如果一个论坛仅仅停留在务虚的理论介绍上，缺少对学校与教学真实状况、真实问题的关注与研究，开这样的论坛还不如发一本小册子给教师读读。更何况，在网络时代，什么样的新主张、新理论不能在万能的"度娘""知乎"上找到更完备的答案？真实是教育的本性与生命，理所当然也是各种教育论坛的生命。

二是要有"泛论"，更要有"专论"。一些论坛因为主题过大，比如"核心素养""人工智能与教育发展"等，不少论者大同小异，大多停留在泛泛而谈的层次，虽然也能给教师不少启迪，但总有不过瘾的遗憾。一些参与论坛的校长，往往将所论题目变成学校发展的经验总结，在什么样的论坛上总能结合一个"大帽子"，最后演变成自己熟悉的学校推介。不是说这样的做法有多么不对，对前瞻性的东西确实需要一而再再而三的研究与宣传。但是常识告诉我们，一个论坛时间有限，如果选题太过宏大，谈论太过宽泛，最后很难实现实践聚焦，进而指导教师工作。比如，对一线教师而言，在"互联网+"的背景下，如何真正布置好、批改好学生作业，命制好、评价好考试试卷，这样专门性的、深入性的问题虽然小且不起眼，却往往更显示真功夫，更为基层所欢迎。

三是要"特论"，更要"众论"。"论"是论坛之本。如何激发更多"在场者"参与，论教、论学、论师，是一个论坛充满活力和吸引力的重要标志。现在，一些所谓的论坛实际上成了一些专家大咖的专场个人秀，更多校长和教师变成王小波所谓的"沉默的大多数"。这恐怕既不符合论坛举办的初衷，也不符合现代学习理论的要求。论坛实际上也是一种培训与学习，而一种更加高效的学习方式莫过于让更多的论坛参与者参与到"论说"之中。

四是要"单论"，更要"争论"。举办论坛总要有始有终。最能证明论坛成效的莫过于在最后形成某种"共识"，发表某种"宣言"。这些"共识"和"宣言"，往往代表主办者的一些主导性主张和意见，这确实无可厚非。但是从辩证法的角度看，任何事物总有两个方面，尤其是极其复杂、极其微妙的教书育人，更难有"放之四海而皆准"的"灵丹妙药"。为此，论坛就应该鼓励质疑、争论。真理总是越辩越明，解决现实问题的答案往往就隐藏在不带功利性的争论、答辩之中。也许一场争论未必就能找到最适合的路径和方案，但起码可以启迪人的思维，调动人的智力，离实践更近一些，离科学的答案更近一些。而那些片面强调单一声音、有意无意遮蔽基层和一线声音的论坛，至多不过是某种一厢情愿的自我欣赏，或者是基于自我欣赏的虚假繁荣。

教育发展、学校进步、教师提升需要论坛，通过论坛寻找可行路径，寻找志同道合者，建构事业发展"朋友圈"，是提升专业、促进发展的重要契机。但前提是，论坛的出发点必须是真诚的，过程必须是真实的，结果必须是有效的。要让论坛回归本位，别让论坛沦为"笑谈"。

思考 76　不做"教师的医生"也罢

偶然翻看一份地方晚报，看到一篇小报道，叫《潜伏在课堂里的人》。记者用颇为夸张的笔触，表扬了一位教研员如何深入基层一线、诊断课堂、帮助年轻教师进步的事迹。说起来，这位教研员我也认识，报道中的相关事迹也挺真实的。应该说，这是一篇真实反映普通教科研人员工作状态的好报道，令人对记者这一份关注教育，特别是关心教科研人员的良苦用心充满感激与敬意，只是标题有点让人尴尬。

"潜伏"一词的流行，大概始于孙红雷主演的同名电视剧。为了革命事业，地下党员潜伏到敌人内部，刺探情报，斗智斗勇，舍身忘我，千万百计瓦解敌人。当年这部电视剧一下爆红，"潜伏"一词也几成民间口口相传的流行词。但是此一时彼一时，此一事彼一事。如今的学校再也不是敌人的"天津站""北平站"。走进课堂，与教师共研教学，同生共长，更是一名教科研人员应尽的责任。他们尽可大大方方地来，大大方方地去，而且无论是基层学校还是一线教师，无不对那些真诚关心教师、专注教研的教科研人员满怀感谢之情。因此，称教科研人员的工作是"潜伏"，既不符合现实，也绝不是绝大多数教科研人员的初衷。除非真的有教科研人员刻意为了"整"人以刷个人"存在感"，才会"神出鬼没"地潜伏入课堂，以挑出教师毛病、抓住教师把柄为赏心乐事吧。但这样的人在今天的教科研系统中少之又少，至少在我的身边从未出现过。所以，称呼教科研人员的工作是"潜伏"，尽可当作记者不小心的用词不当，大可轻轻一笑了之。更何况，未必有多少读者真的会如此较真地咬文嚼字，至多当它作为警醒教科研人员进一步端正态度、转变作风的反面教材罢了。

引起人进一步严肃思考的是报道中对教科研人员的另一个描述性评价。

记者把那些诊断课堂、点评得失、研讨改进的教科研人员称作"教师的医生",而且用赞赏的语气,夸奖主人翁乐于做"教师的医生"。

这就很值得说道了。人无完人,师无完师。一线教师的一节课,总是受个人专业、学情表现乃至师生当时的身心状态等多种因素的影响,所以如果不是刻意地事前准备与作秀,基本上不会存在所谓"完美"的课堂。再说,一方面,上课方式、表现形式本就是见仁见智、各有千秋的事,从来就没有一种适合所有教师上课的刻板模式;另一方面,课堂预设永远赶不上课堂现实的演绎,再完美的设计也会受到实际教学进程的现实冲击,逼着教师现场生成,甚至不惜"黄河改道"。也许正因如此,才需要教科研人员和教师一起,精心研磨课堂,发现问题,反思改进之策。当然,有的只是策略的小小改变,有的可能需要从理念到评价的"改头换面"。从这个意义上说,我们鼓励教科研人员和教师一起像医生研究病情一样诊断课堂,调整策略,提升专业。因而,我们不反对教科研人员做"课堂的医生",而且是和一线教师一起组成"医疗小组",而不是个人威权主义的"指点江山"。

特别需要指出的是,做"课堂的医生",绝不等于"做教师的医生"。这一方面是出于教育哲学的考虑,教科研人员和教师都是平等的主体,真正能够改变自我、提升自我的,永远只是教师本人。教科研人员更多的是要做志同道合的朋友和同行共进的伙伴,而不是"单刀直入"甚至冷冷冰冰的医生。另一方面是出于现实的考量,这种现实既要考虑教师的不可替代性,更要考虑教科研人员自身的专业局限。人心总是肉长的,如果教科研人员和教师的关系真的变成"医患"关系,恐怕没有哪个教师愿意接受这样的哪怕出于善意的冰冷指点,甚至还会因"医生"的种种诊断乃至误判不自觉产生或沮丧或抵触的情绪。这不仅影响教师长远的专业发展兴趣,更影响以后的继续教学,受到更坏影响的还是广大学生。果真如此,那就真的要从教科研人员做教师"医生"的一丝"善念""善行",于不期然中演变为对师生发展的不易察觉的"恶"了。教育实践就是这样于时时处处、点点滴滴的细节中,充满辩证法。更何况,不少教科研人员已脱离一线许久,如果加上自己平时不学习、不研究,依然抱着过去的老经验、老办法,或者按照一知半解的所谓教育新理念、新方法,去好为人师地对一线教师横挑鼻子竖挑眼,更容易误诊误判,甚至失去教师的信任。更何况,现在的医生,也需要坚持以患者为中心，以服务为本，不断优化医患关系。

所以，"不做教师的医生"，不以专家、权威自居，理应成为各级教科研人员心中基本的戒尺和信条。

那么，不做医生又做什么呢？

首先，在态度上，要做教师的"保姆"。坚持以服务教师为旨归，以呵护专业共进为追求。而且，要长期跟踪教师发展，定制专业服务，不做"钟点工"，而签长期的"劳务合同"。

其次，在工作上，要做实际的"农夫山泉"。这个品牌的矿泉水的广告有一句话很打动人心：我们不生产水，我们只做大自然的搬运工。从某种意义上说，教科研人员也要乐于做教育教学先进理念、先进经验的搬运工。善于发现、提炼、总结不同地方、不同学校、不同教师的好点子、好办法，再和特定的教师共同研讨，在交流对话中改进课堂，提升自我。

再次，在心灵深处，要做与教师共同发展的"合伙人"。人人都渴望成功，无论是一线教师还是教科研人员，他们的目标是共同的。但教科研人员的真正成功不是自己发了多少文章，带了多少徒弟，而是帮助多少教师提升了专业，进而为自己带来多少专业进步的机会和专业幸福的享受。这就需要进一步走进教师心灵深处，成为与教师共同进退的"合伙人"，乃至与教师结成共赴人生旅程的生命共同体。从这个意义上说，"亲其师，信其道"的道理，同样适合于教科研人员和教师。

一则小小的晚报报道，引发一次触及灵魂的思考。这更多的是对本人的常敲常响的警钟，时时提醒自己，多深入、反思现象，多走进课堂、教师，多加强学习、修炼，多做教师专业发展的"保姆""搬运工"与"合伙人"，绝不做好大喜功、指指点点的"教师的医生"。

这不只是一种工作态度和方法，更是一种必须终身追求的人生哲学……

思考 77 别让马云抢了教师的"饭碗"

我虽然很少坐飞机，但只要有机会，往往会找到机场书店，翻翻经典，看看畅销，偶尔也会买上两本，仿佛爱书爱到连坐飞机都不放过。其实自己知道，这些只不过是对平常不读书的一种矫情掩饰罢了。

但是，即使是机场书店的阅读，也常常难以静下心来。一个重要的影响因素就是，这些书店不仅卖书，还卖各种管理、人生、培训类的音像读物，且均为现场播放，以演讲人或高亢激情或娓娓道来的语调，吸引人驻足、观望，乃至掏钱，全不顾一侧看书、买书聊以自慰的吾等"读书爱好者"。

也许真的是江山代有人才出，各领风骚没几年。近20年来，书店培训类音像读物的主人翁，先后出现三波高潮：最早流行的是企业管理类大咖，世纪之初，几乎无店不放余世维，无店不卖曾仕强。后来，占据碟片舞台的变成百家讲坛的明星学者，于是，机场内总是充斥于丹过于标准、过于煽情的普通话，易中天先生并不标准却充满情趣的个性语言。而到了今天，机场书店有声讲座推介的人物又发生变化，马云、王健林等大老板纷纷走上讲台，而讲的都并不是他们的专长——赚钱，而是企业文化、世道人心……

讲课向来为教师之专长与专利。书店培训类音像的前两拨代表人物，如易中天、于丹、曾仕强本来是教授，余世维也算是专职培训讲师，唯独马云、王健林，他们正在由"老总"跨界到"老师"的行当中来，不能不引起人们的关注，尤其须引起广大中小学教师的警惕。特别是马云，这是一个特别会抢人饭碗的人：淘宝，几乎让实体店难以招架；支付宝，又差点让银行遭殃。如今，马总摇身一变成了马老师，下一个被抢饭碗的人恐怕就是我们这些真正靠嘴皮子吃饭的教师了……

上述言论固然有调侃成分，却绝非危言耸听。如果我们把观察的视角从机场书店转移到中小学校，就不难发现，当马云、王健林们纷纷走上讲台，不是讲赚钱而是讲人生，几乎要成为兼职德育教师的时候，一直视"讲"为"入门功课"的中小学教师，却正在一天天或主动或被动地失去这一"基本功"。其理由大概源于一些对中国传统的讲授式教育恨铁不成钢的专家和一些决心快速追赶世界先进教育的校长，一再告诫教师要"让学生自主学习、自主发现"，课堂上必须少讲甚至不讲。活动体验似乎成了学习进步的不二法门，传统的讲授教学成了拉历史倒车的时代垃圾。这一主张反映在文本表述上，就是颇为浪漫的"等待花开"，反映在学校评价和课堂模型上就是刚性规定教师"只能讲十分钟，甚至五分钟"。

就根本而言，学生的学习当然是一个自主发现、自我成长的过程。为此，切实改变过去"满堂讲""满堂灌"，更多地让学生思考，让学生合作，让学生体验，让学生实践，理所当然是当代课改的一个基本方向。但这其中有几个问题恐怕还需要进一步厘清。

一是自主体验、等待花开，到底针对的是"满堂灌"还是讲授法？换言之，正常的讲授是否与学生自主体验的要求水火不容？答案显然是否定的。在班级授课制背景下，学生的学习进程并非同一步伐；在个别学习的背景下，每个学生的自主体验更难做到总是一帆风顺。为此，教师恰逢其时、恰到好处的讲授和点拨，往往能够使学生拨云见日，恍然大悟。

二是传统讲授法是否与培养学生核心素养完全对着干？现在有一种观点，认为讲授法只重知识，只有活动体验才能培养核心素养。这实在是罔顾事实的昧心之论。优秀的教师讲授不只传播知识，更传播学识，熏陶人格，乃至烙印成长记忆！以培养核心素养之名，武断抛弃适当讲授，真的是倒掉了洗澡水，也倒掉了小孩。

三是课堂教学要不要考虑、尊重教师个性？学生学习离不开教师，而现实中的教师总是各有个性优势又存在自身短板的活生生的人。明明一个教师的优势在于讲授，学生也欢迎，片面以课改之名强令其少讲、不讲，确有削足适履之嫌。更何况，让学生自主学习，绝不意味着教师可以袖手旁观，相反，更呼唤都具有高超的课堂组织能力和驾驭艺术。这并非一朝一夕之功。

四是静待花开要不要考虑学习成本？根据多元智能理论，学生的学习优势与进程存在很大的差异。尤其是学生的自主学习，往往要建立在具备一定认知储备和思维习惯的基础之上，这就需要不同学生付出不同的时间成本。实践证明，不考量学习成本的自主体验，很有可能不仅难以实现高效学习，反而会浪费学生更多的宝贵时间。这恐怕也成为家长不放心一些课改学校、热衷寻求家教公司补课的一个重要原因。

理想很丰满，现实很骨感。每一项课改都要落实到具体的学校、具体的家庭、具体的师生上。从这个意义上说，所有的学校、家庭和师生，都处在现实和理想的连接点上。为此，具体到某一学校、某特定师生的课改，就既不能固步自封，也不能盲目冒进。更进一步说，不同人的学习需求是不一样的，有的人为生存而学习，比如去职业学校学技能；有的人为发展而学习，比如考不同证书，增加自身才艺；还有的人为休闲而学习，尽可吐纳气息，问地察天。这三种层次的学习需求，固然都需要自主体验学习，但平心而论，第一、第二种恐怕是对讲授法依赖得多一些，讲授的效果来得快一些。为此，不顾现实需求，一味以抛弃讲授法而后快的所谓课改，是不是有点儿"洋冒进"之嫌疑呢？

马云老总变身马云老师，一方面是教育与社会关系悄然转型，学校必须更加开放办学的重要信号；另一方面也是一个友情提醒：教师既要心怀高远，坚持自主体验学习的探索与追求，又要老老实实练好科学讲授、艺术讲授的基本功。小心，别真的让马云们抢走自己的饭碗……

思考 78　学校要建什么样的"国学堂"？

又到了不少学校制定、完善发展规划的时节。已经不止一个校长朋友有意无意地告诉我，在下一轮的学校规划里，准备筹建学生"国学堂"。

学校根据校情尤其是学生发展需要，从"教育即生活"的理念和课程建设的角度出发，建设一些课程活动中心，一方面促进学生在活动中体验，在体验中成长；另一方面，也为学生创设一种潜移默化的学习环境，推动学校特色发展，理所当然值得鼓励和提倡。就中小学建设国学堂而言，我想其初衷不外乎以下三个方面。

一是顺应"学校即师生生活中心、成长中心"的办学趋势。随着经济社会发展的深刻转型，各级各类学校尤其是中小学，正日益从单一的"课堂"向以学生为主体的"学堂"转变，进而向"师生生活中心"升级。因此，在学校建一座国学堂，应该是出于为师生创设某种文化生活的考量。

二是加强传统文化教育。学校教育的终极目标是为了立德树人，根本上是为了培养既有世界眼光又有中华情怀的现代中国人。因此，通过特定的、有效载体与形式，加强传统文化教育，比如建一个国学堂，使中国传统文化从小在少年儿童心中扎根，既是学校办学的基本追求，也是师生乐于参与的一种选择。

三是体现办学特色，彰显学校"品牌"。从一定意义上说，办学竞争就是特色竞争。特色办学又可以加深师生对学校的记忆，使学校成为学生终身成长过程中难以磨灭的"成长乡愁"。建一个"国学堂"，布置某种特定的复古环境，师生穿上传统的唐装汉服，吟诵传统诗文，大概就是一些学校追求特色办学的具体体现。

如此说来，在学校财力许可的情况下，在学校资源丰富、建构合理的基础上，建一个校内国学堂，是值得理解和支持的，本也没有什么可以说道的。但是且慢，建国学堂是一回事，怎么建、怎么用好国学堂又是一回事。这既涉及公共财政的投入方向，更涉及当代中小学生的全面发展。所以，有几个问题，还是需要深入研究的。

一是到底为什么而建"国学堂"？有同志认为，这个问题的答案很明确，一为传统文化教育，二为学校特色建设。这固然没有错。但需要我们进一步深思，加强传统文化教育，是为了什么？打造学校特色，又是为了什么？答案只能有一个：为了人的发展。因此，为什么要建"国学堂"就自然转化为，建国学堂是为了培养什么人。记得有学者提出一个问题：实现中华民族伟大复兴的中国梦，到底是梦回唐朝，还是梦回康乾？其实，党的十九大报告已作了明确的回答。中华民族的伟大复兴，既要继承中国历史上一切优秀成果，更要开辟中国人民美好生活的最新境界，即把我们国家在本世纪中叶建成"富强民主文明和谐美丽的社会主义现代化国家"。这既不是盛唐，也不是康乾，而是根本的发展创新。从这个意义上说，我们或许可以更加明确，学校建国学堂绝不是要让师生简单回到"子曰诗云"，更不是简单地背诵《三字经》《百家姓》，而是着眼于师生的现代核心素养的生成，最终是为了培养中国特色社会主义的建设者和接班人。换言之，建国学堂，目光不只是要向后看，更要向前看。

二是学校"国学堂"与社会上的"国学堂"到底有什么区别？或者学校国学堂的本质功能到底是什么？综观社会上的"国学堂"，尽管也有教育意义，但更多的恐怕还是停留在休闲养心、修身养性方面，至于是不是有借此聚集受众，达到某种利益目的则难以臆测。但是学校的"国学堂"一旦建起来，就绝不能只停留在吟诵名篇佳句、穿汉服行古礼上，而应该更多地渗透到学校的课程建设体系中去。本质上说，是为学生的大阅读活动服务的，是为学生的核心素养培养服务的。它应该是学校课程建设的重要载体，是师生日益成长的积极资源，而不承担某种死记硬背、仪式表演等装点门面的功能。

三是学校"国学堂"建起来后，到底由谁来管理和建设？如果仅用于仪式表演，一个艺术教师足够；如果用于阅读课程建设，则需要整个语文学科组的共同努力；如果作为校本课程体系的重要一环和学生核心素养成长的重要载体，就需要专业队伍的指导与支撑。否则，所谓的国学堂，最终将逃脱不了成为某种摆设的命运，成为令人深恶痛绝的形式主义办学的一个反面案例。

由此看来，学校建不建国学堂是它自己的事，但比建国学堂更重要、更紧迫的事，是学校办学方向的校正和校本课程体系的建构。福柯（Foucault）说过，真理往往存在于反方向的道路上。在学校热衷于建国学堂的时候，多点冷思考，多点哲学批判，甚至多泼一点冷水，可能会使我们离真理越来越近。

思考 79 让笑容直抵孩子内心

近来与一些幼儿园、小学教师交流，也听了不少公开课、常态课，大家忽然间有这么一种疑惑：为什么有的教师上课时明明笑容可掬、细声细语，却怎么也难以打动学生，甚至让人觉得是在"表演"；而有的教师虽看上去不那么亲和，甚至还有点不苟言笑，却在课堂上和学生打成一片，学生也更愿意接受其指导，甚至让听课的人都陶醉其中？

对于这一现象，我曾经用一句话概括，就是：教师与学生的距离并不取决于你笑容的展开度。但是问题来了，几个朋友紧追不舍地深度提问：如果不取决于笑容，又取决于什么呢？

我想，教育本质上是"一棵树摇动另一棵树，一朵云推动另一朵云，一个灵魂唤醒另一个灵魂"的学问。教师，字面意义上是教"知识与做人"之师，但根本意义上，首先是连接人心的"通灵"之师。如果一个教师无论是上课还是活动，无论是管理还是游戏，都不能真正抵达儿童内心，那么，所有的教学设计、活动游戏，其效果都将大打折扣，甚至适得其反。

似乎又转回到一个老问题：如何让我们的笑容直抵学生的内心呢？经过讨论，达成共识，也许我们没有灵丹妙药，但是起码可以努力践行以下几个原则。

一是起点比形式重要。一个优秀的教师，无论是课内还是课外，保持亲和的仪表和优雅的言行，当然有助于学生的学习。但是，教师也是具有多样性、个性的人，几乎没有可能也完全没有必要逼着他们刻意改变自我，勉强在形式上修炼自己的"笑容可掬"。教师的目光和视角应该从这种"形式训练"转向学生自身。也就是说，了解学生，满足学生的需求，这是真正抵达学生内心的现实起点。每一名儿童，都既是成长中、待完善的个体，同时也是有自身需求、个性选择的完整生命体。当他面对一名教师时，他会根据自己的需要决定对教师的追随度，会根据自己的判断决定对教师的亲和度。为此，教师要切实立足满足儿童需求这一起点，首先把自己变成"儿童人"，真正走进儿童，才能最终理解儿童；但教师又不能仅仅满足于此，还要跳出儿童，成为"理性人"，以教育者的眼光选择适切的形式与方法，审视教学，推动教学，引领学生成长。所以，无论是短短一节课还是长长一个学期乃至一个学段，教师其实总是在"儿童人""理性人"之间来回行走，于行走中懂得儿童，满足儿童，完善自我，实现人生价值。

二是关系比材料重要。在幼儿园游戏过程中，教师总是要根据儿童的身心特点，选择、投放适宜的活动材料，组织儿童开展各种各样的游戏。可是，我们也发现，有时候教师精心选择的材料，有的学生玩得特别起劲，有的学生却根本不买账。于是，教师或者耐心个别辅导，或者不得不板起脸来教训，否则，游戏活动就很难达到预期。这样的情形很常见，也情有可原。毕竟，理想化的全员参与的幼儿游戏活动大多存在于书本中，或者一些专家的想象中。教师总是在并不完美的现实中不断走向成熟。那种罔顾现实、片面以理想境界衡量一线教师的所谓标准，要么被幼儿园"阳奉阴违"地执行，要么让教师敢怒不敢言。但是，抛开这些情绪化的心理，我们还是绕不开一个问题：如何让材料真正为游戏服务，如何让学生尽心、尽情地投入学习与游戏？很多年前，马晓晴演过一部电影《啊！摇篮》，说的是延安保育院的故事，主要讲在艰苦的战争岁月，一位炊事员爷爷、一位14岁的小老师，如何关爱烈士和革命战士后代的成长。那个时候的学生也爱玩游戏，也会打架；那个时候的学生几乎没有什么游戏材料，一片红玻璃竟成为所有学生的最爱。但是，小老师却会指导不同的学生共享这片小玻璃。老班长爷爷还会和学生一起唱歌、做月饼，甚至为保护学生献出生命。为什么一名并不具备教师资质的小老师和一位类似保育员的炊事班长，将马背上的摇篮一直带到新中国？说到底，不是材料有多丰富，不是游戏有多复杂，最动人的是他们对学生不装、不作，并且透明、真诚的心，以及与学生朝夕相处结成的密不可分的关系。用现在时髦的话说，是结成了"生命共同体"。教育是"关系"的产物，师生之间有了和谐、真诚的关系，就会于潜移默化中放大游戏的成效，推动师生共同成长。所以，帕斯卡尔（Pascal）说：良性、和谐的关系，恰如"重新排列的词句有了不同的意思，重新摆弄的思想产生了新的印象"。事实上，当前尽管我们的经济发展有了长足进步，但是城乡之间、校际之间物质条件的差异依然非常明显，过分强调幼儿游戏材料的投入，而不关注师生关系的亲和，超越现实实际，又往往适得其反。正如法国科学家彭加勒（Jules Henri Poincaré）所言：严格地讲，科学只会存在于客观的关系中。

　　三是渐进比急行重要。当前幼儿游戏或者小学课堂中，有一种现象必须引起我们高度警惕，就是一些教师或者专家为了追求"以小见大""余音绕梁"的效果，要么片面扩展一节课的目标，以求课程之完善；要么刻意加进超越儿童甚至超越教师的"料"，以求点上的"惊艳"。殊不知，儿童的成长，不管个体之间存在多么大的差异性，总体上是循序渐进的，追求"出奇制胜"的急行军在军事上或许可行，在教育上只会"欲速则不达"。英国思想家埃利斯（Henry Havelock Ellis）在《生命的舞蹈》中指出，"最缓慢的舞步，对我来说，看起来最优美。在人生的舞步中，美的开发所取得的成就似乎与它步伐的快速成反比"。这就提醒我们，走进儿童的内心需要的是日积月累、精诚所至。指望一个夜晚花开满园，即使成功，也只能是昙花一现。

　　四是课外比课内重要。在现代人工智能尚未完全颠覆当前的学校办学方式之前，课堂教学的形式依然存在，师生的学习生活依然要分成课内与课外。教师要想使课内教学直抵学生的内心，往往"功夫在课外"。这个道理其实很简单，因为教育即生活，生活即成长。师生的课外相处时间在数量上远大于课内时间。只有在课外的相处中形成自然亲和的师生关系，在课内彼此才能将这种关系实现有机过渡和自然延伸，真正达到课外"亲其师"，课内"信其道"，课内课外融为一体的效果。从这个意义上说，所谓教师的"课内十分钟，课外十年功"，更多的是指师生课外亲密度的修炼对课内学习效果的迁移、推动作用。

　　都说教育是阳光的事业，教师是微笑的使者，但是阳光不只照在身上，微笑不只写在脸上。更重要的是，让教育的阳光、教师的微笑直抵孩子内心……

思考 80　莫使教师成"鸟"人

首先声明，这里的"鸟"人之谓，既不是国人素日私下骂人的脏话，也不是网络上充满羡慕嫉妒恨的"牛人"之称，而是取其本意，即像鸟一样的人。

何出此言？盖因日前一则消息迅速传遍天下：上海携程亲子幼儿园发生令人愤恨的虐童事件。不管是当事人源于专业修养或是心理疾病，也不管是当事园方疏于管理或是助纣为虐，事实很清楚，当事人及当事园方理应受到谴责与严肃处理，触及法律的必须严惩不贷。事情虽发生在一个社会教育机构，引发于或许并不具备教师资格的"教师"，但应该引起所有幼儿园、学校和全体教师的警惕。不管是公办学校还是社会机构，不管是正式教师还是兼职教师，都必须从中汲取教训，引以为戒。

但是要坚持一人做事一人当，千万不能"城门失火，殃及池鱼"，一棍子将所有教师、所有学校打死。事实上，近些年来，少数人惹事、全体教师挑担子的案例已经屡见不鲜。有的甚至酿成热闹一时的网络事件，以致教师几成"过街老鼠"。

原因说复杂也复杂，涉及转型期社会治理、网络时代的舆论传播。说简单也简单，一是教育已经越来越牵动所有人的核心利益；二是确实有少数教师起了"一粒鸟粪坏了一缸酱"的作用；三是也确实有一些打着教师旗号的人，犯了事情让教师"背锅"。比如这一次，虽然当事人来自一个社会机构，虽然未必是真正的教师，但我还是有些担心，舆论的矛头会不会再次指向已经不堪重负的学校和一线教师。

在中华泱泱五千年的文明历史中，教师的地位其实是随着时代而不断变化的。据说古时候教师的地位很高，以至于位列"天地君亲师"之境；后来，又据说教师很"迂"，所以鲁迅先生多年后依然记得他的先生读书时"头仰起，摇着，向后面拗过去，拗过去"；再后来，教师就很"臭"，成为社会上的"臭老九"……改革开放以来，平心而论，无论是教师的物质待遇还是政治地位都有了很大提高，但是也确实出现了教师地位很"泛"的问题：一方面，大家都在呼吁教师专业化；另一方面，很多主持人、明星纷纷以老师自谓或互称。也确实出现了教师处境很"烦"的问题，最突出的表现，一旦学校里有什么风吹草动，首当其冲的就是教师，对其有意无意、扩大范围的批判、指责乃至讽刺、挖苦，使得一线教师在承担越来越重的工作压力、劳心劳力流汗工作的同时，又背上沉重的精神枷锁，苦心苦力流泪自咽。

上海携程幼儿园虐童事件刚刚发生，我所在的城市网友论坛上就出现不止一个跟帖，内容已经超越事件本身，转向对整个教师队伍的批评。担心终于还是变成了现实。

学校不是碰不得的皇家圣地，教师更不是碰不得的瓷娃娃，出了事情不是不可以批评，但是起码要有一个前提，就是实事求是，尊重理解。否则，真的会把教师变成"鸟"人，像鸟一样的人。

一是像"惊鸟"一样。《战国策》有言："黩武之众易动，惊弓之鸟难安。"说的是魏国有一个叫更羸的射箭能手，有一天跟魏王到郊外打猎。一只大雁从远处慢慢地飞来，边飞边鸣。更羸仔细看了看，指着大雁对魏王说："大王，我不用箭，只要拉一下弓，这只大雁就能掉下来。"理由是这只鸟先前已经受了伤，受到惊吓。教育是直抵人心的事业，教师需要宁静的工作环境。如果一出事情，甚至是打着教师旗号的人出了事，大家不分青红皂白，拿全体教师是问，还有多少教师会安安心心去教书育人？受到损害的究竟是谁？说到底，对学校、教师没有起码信任的教育，肯定不会走向长远。

二是像"鸵鸟"一样。据说鸵鸟在遭遇危险时会把头埋入沙坑，自以为安全。于是，人们把那种逃避现实的心理、不敢面对问题的懦弱称作"鸵鸟心态"。教师行业是一种需要教师充盈情怀、充满激情，又敢于、善于创新的专业。所有在法律、政策和道德范围内的教师的言行，所有符合教育规律和学生身心发展规律的教师的行动，都理应得到全社会的理解、鼓励与支持。如果片面抓住一点，罔顾事实，连坐问责，势必导致不少教师不敢出头，不敢创新，小心翼翼地将自己包裹起来，对工作、学生就事论事，"无错即是功"。这样的敷衍心态固然不对,但绝不能简单下一个"教师师德不高"的结论了事。这样的"鸵鸟心态",不仅让教师自身活得很累,更会让学生学得不痛快。

　　三是像"飞鸟"一样。正是因为教师工作苦、烦、累,再加上不仅不被理解,甚至还常常被"连带背锅",所以有人戏称当代教师几成"高危职业"。此种情况下,许多教师难免产生"琵琶别抱"的心理,成为一只只择木而栖的"飞鸟"。事实上,近几年来,已经有不少教师、校长自动辞职,或跳槽到其他行业,或远离乡土。尤其需要引起重视的是,这一次的教师离职潮与20世纪90年代的一些站不住讲台的教师不得不离职不同,是很多优秀的教师、校长主动离职。2015年,郑州教师顾少强一封"世界那么大,我想去看看"的辞职信惊艳了网络。如果深入下去、推而广之,普通教师"世界那么大,我想去看看"的浪漫表达背后,其实隐藏着的是"此处不留爷,自有留爷处;处处不留爷,爷爷去卖肉"的负气心态与某种程度上的悲壮心情。虽说"南方有嘉木",就难免"孔雀东南飞",但是当大多数教师愿做"飞鸟",都去"看世界"了,谁来坚守三尺讲台?

　　教育离不开社会监督,师德建设与言行管理永远在路上。可是,也要设身处地地站在教师的角度想一想,尤其要在众口一词批评教师的当口允许一线教师发声,千万别让教师成为他原本并不想成为的"鸟"人。

思考 81 莫要小瞧"基础题"

伴随个性化学习的日益推广，分层走班学习越来越成为时下学校课堂改革的一种选项甚或一种潮流。尤其是引起巨大争议的新高考模式，更催逼着分层学习加快从理念转变为行动。

纵观当下一些学校的分层学习实践，一般会根据学生学科成绩的若干次大数据统计，再结合学生的兴趣与优势智能，将年级或班级学生分成AB或ABC等层次，进而提出不同的教与学的要求。具体到作业与练习层面，A班（组）侧重做复杂题，B班（组）侧重做难度较低的复合题，而C班（组）主要做基础题。

理论上，这样的分层是有依据的，在具体操作中似也顺理成章。但是，再完美的设计也远没有现实复杂得多。细究起来，哪怕是简单的"基础题"其实一点也不简单。

"基础题"就是简单题吗？简单的一般是基础的，但基础的未必就是简单的。从概念上看，任何简单概念的背后都有复杂的逻辑关系乃至实践背景。比如"三角形"的概念，不仅包括抽象的几何特性，更包括各种千差万别的三角形图形。从功能上看，基础往往支撑某一学科复杂的知识架构与思维图景，孕育着后面学习的所有可能。这一点借用"道生一，一生二，二生三，三生万物"的道理，或许可理解得更深刻一点。当年穷尽陈景润一生的哥德巴赫猜想，不就是从最基础的"1+1=2"开始的吗？

"基础题"就是对C班（组）学生教、由C班（组）学生做吗？再高的楼也是从地面"零起点"甚或打桩"负起点"开始的。所以，对C班（组）学生讲好基础题是天经地义的。但这又有两个问题：其一，B班（组）、A班（组）要不要弄清基础题？由于学习竞争的存在，特别是由于考试竞争的压力，B班（组）、A班（组）的学习强度、学习进度要比C班（组）快得多，客观上牺牲了这些班（组）学生理解基础、消化基础，以及应用基础的时间，从而导致"欲速则不达"。事实上，尽管已经对学生进行了分层，但是哪怕具体到整体生源最优秀的A班（组），其实学生也是有差异的。当前，很多高中所谓"火箭班"的学生一个很大的苦恼就是，教师讲得太快，不能等等学生的脚步。其二，C班（组）学生是否只能停留在基础题上？打个比方，如果把复合题、复杂题比作快跑，基础题就是慢走。老百姓都说"不会走怎么会跑"，因此就某一特定时空而言，C班（组）学生必须重点攻关基础题。但是学习的复杂与学生成长的微妙往往就在于，不同学生的学习进程其实是各不相同，甚至大相径庭的。任何大数据对学生学习状态、效果的统计，都只能是着眼于当下或短近期的。运动员比赛中有个加速跑，民间也有孩子"开窍"早与迟的说法。一定存在，也必须坚信有些C班（组）的学生，通过夯实基础，加速奔跑追上去，甚至后发先至。因此，C班（组）的基础题教学不能简单停留在"基础"层次，更不能误认为基础题教学只需轻松应付就行，一定要通过基础题的学习和训练，使学生激发信心，树立提升目标，看到发展空间，加快"开窍"进程，实现属于每一个C班（组）学生的"加速跑"。事实上，能否把简单的基础题讲得不简单，是最能考核教师基本功的重要指标之一。更何况，不少学生学习进程的变缓甚至落后，有的就是由于教师缺乏这方面的基本功。

"基础题"只能通过集体教学吗？这个问题其实是承接上一个问题引申而来的。由于基础题一般浅显易懂，所以教师处理时，以学生自学为主，以集体过关为主，以多维训练为主，这当然是需要的。但是从学生看，就像A班（组）一样，C班（组）学生也是存有差异、呈现分层的。从教学目标看，再复杂或再简单的题目也必须实现人人学会与会学。为此，尽管在面上已经实施了分层教学，但具体到基础题学习训练时依然要坚持面上教学与个别化过关相结合。只有这样，才能真正实现分层教学的目的。

单一学科的"基础题"学习训练，需要与学生优势智能发挥的其他学习训练相结合吗？严格来讲，学习分层只是源于对特定时期，一个学生在某一具体学科进程上的差异性教学反映，绝不是给学生全面发展、终身发展贴标签、下结论。所以，某一学科的基础题学习训练，必须和这个学生的优势学科的学习训练有机结合。这样做是为了促进学生人格的健全与核心素养的真正涵育，更是为了触类旁通，不断加强学生的主动学习和有效学习。

小小"基础题"，漫漫探究路。莫要小瞧"基础题"，其实它是对学习规律的尊重，更是对人的尊重。

思考 82　如雪的教育改革："怕他不来，又怕他乱来"

又下雪了，还是暴雪，距离2月4日立春仅有十天时间。我不由想起毛主席的名句："风雨送春归，飞雪迎春到。"虽然交通不便，但内心依然有一种若无还有的欢愉。毕竟，春天快来了！毫无疑问，这是一场迎春的雪。

但是万能的网友，无论是智慧还是情商，无论是想象力还是幽默元素，都远远超越常人。在昨天雪说下未下时，朋友圈便纷纷流传着这样一个段子，大意是：全镇江、全江苏都在等一场（天气预报）"说好了的""华丽丽"的大雪，"就像一个初恋的少女等待男友"。请注意，这样的比喻，北方的朋友可能未必能体会，但是对于以往下一场雪便立即化之为水、继之若无的江南朋友而言，矫情地等待一场预报中的大雪，恐怕还真的如少女怀春思人般的心念念、意惹惹呢。最妙的是后面这句："怕他不来，又怕他乱来……"的确，人们喜欢雪，等待雪，还是有条件的，不是完全一门心思、从一而终的，更多的只是期盼"忽如一夜春风来，千树万树梨花开"的美感和意境，而厌烦的是"雪纷纷，掩重门，不由人不断魂"的各种生活困难与不便。比如，开车难，刮擦多，菜价贵，气温低等。以至于火车停运、飞机晚点，更不知要影响不同人等的收入几许，影响国家GDP增长若干点。

其实，大千世界，"怕他不来，又怕他乱来"的又何止是雪？天天见诸报端，流传于各位领导、专家乃至基层校长、教师、家长口舌的教育改革，何尝不是如此？

不妨就以教育领域最基本、最常见的课堂教学为例。一方面，时代在转型，观念在更新，更重要的是社会对人的要求，对人才培养的标准，正在发生重大变化，催逼我们的课堂追求必须从知识本位转向人的素养本位，催逼我们的课堂特质必须从服从教师的教转向服务学生的学。这必然呼唤课堂理念、课堂组织、课堂形式、课堂评价的一系列改革，进而深刻改进课堂关系，不断优化课堂管理，逐步提升课堂效益。从这个意义上说，课堂改革不是哪个领导的头脑发热，不是哪个专家的哗众取宠，而是规律发展之必然，趋势走向之必由。因此，必须承认，无论是上至教育部高层，下至一线教师，在要不要课堂改革这一点上，共识正在不断凝聚，呼唤也日益强烈。基层对于改革的期盼，还真有点儿"怕他不来"。

另一方面，呼唤改革是一回事，如何推进改革又是另一回事。平心而论，纵观当下的课堂改革，尽管上上下下喊的调门都比较高，推进的力度也比较大，但是仍然出现了一些令人尴尬的现象。这突出的表现在两个方面：一是"毕其功于一役"型的行政驱动改革，往往是某高层领导、要害部门一声令下，全区域各级各类学校立即行动，稍有迟疑与质疑，即有可能被认定为拉改革的后腿。"一刀切"之下，改革实际上已经变异为某种"运动"，一旦换了领导，换了理念，原本轰轰烈烈的改革就很有可能戛然而止，代之以另一种轰轰烈烈的改革登场。前不久，河北某地一位教育局长慨然辞职，多少有这方面的影子……二是"包治百病"型的模式包装改革，往往由一些资深专家或校长领衔某一课题，助之以媒体、社会等方方面面的力量，推出某种几乎在他们看来"放之四海而皆准"的模式，然后培训教师，推动实验，推出展示，或许还开评大奖。得奖的人喜笑颜开，自得其乐，更多的一线教师则侧目而视，或只能保持沉默。更要命的在于，不同的专家还出于不同的立场，推出带有各自特点的不同模式的课堂改革。我曾以"派系林立"的革命为题，简要剖析了这种怪象。其实，不是这些模式真的一无是处，只是要么是因为刚刚冒出一点头就被急于推广，而忽略了其中各种可能的问题；要么是因为在甲地、甲校适宜，到了乙地、乙校却出现了"水土不服"，导致"橘生淮南则为橘，生于淮北则为枳"的现象。这样一来，受损的不只是学校、教师和学生，更要命的是，还由此影响了一线教师、校长对改革的态度和信心。原本热情期待的改革，既然出现了始料未及的状态与效果，还不如不改革。当下不少地方和学校，课堂改革之所以出现"雷声大雨点小"，说得多、进展慢的问题，很大程度上就与上述两种改革推进方式有关。由此看来，改革岂非就像今日之大雪，大家怎能不"又怕他乱来"？

如何避免起码是减少教育改革中这种"怕他不来，又怕他乱来"的现象？我们不妨就以"下雪"来进一步比之、说之。

其一，要有正确的改革态度。任何改革都不可能是包治百病的灵丹妙药，而且改革本身也有个不断完善、修正的过程，既要保持"更喜岷山千里雪，三军过后尽开颜"的乐观精神，也要作好"欲渡黄河冰塞川，将登太行雪满山"长期探索实践的思想准备。任何"毕其功于一役"的改革思维，终究不过是一厢情愿的乌托邦，或想当然的主观主义。

其二，要有切实的风险预期。发现问题就干，干之必成，这样的工作不叫改革，充其量只能是执行性改革。更多的改革其实是充满风险和困难的，需要长期、艰苦的探索与开拓，乃至奉献的事业。为此，每个改革者心里都不能只有"千里冰封，万里雪飘"的"风光"想象，必须随时准备接受"云横秦岭家何在，雪拥蓝关马不前"的艰苦考验，甚至要作好"乱山残血夜，孤烛异乡人"不被理解和支持的心理准备。

其三，要有适宜的改革办法。唐代诗人韩偓有诗云："风虽强暴翻添思，雪欲侵凌更助香。"其所指当然别有深意，但说出了风的作用方式与雪的作用方式的不同。风重"强暴"，雪重"侵凌"，说到教育改革，当然需要革故鼎新，但这绝不意味着一切推倒重来。事实上，任何课堂改革的推进，更多的倒并不是急风暴雨式的，而是飞雪无声、慢慢"侵凌"滋润式的。更何况，就说下雪，北方的雪多细、绵如盐，南方雪多大、润如鹅毛。不同地方、不同学校的改革，也很难用一种或某几种模式武断套用，必须通过实践，寻找到最佳的改革路径。

其四，要有科学的改革评价。其实，谁都知道，任何改革都不可能一帆风顺，也不可能一蹴而就。因此，能否抛开急功近利的思维评价改革，宽容失误，接受曲折，就成为影响改革成败的重要因素。对此，还是必须谨记宋代毛滂的名句："水北烟寒雪似梅。水南梅闹雪千堆。"

总之，这就像对待一场预报中的大雪，"怕他不来，又怕他乱来"。我们要站在时代发展、实践推进和人性实际的综合立场，看待教育改革自然而又实然的态度和视角。改革如飞雪，只要我们认真走好"欲渡黄河冰塞川，将登太行雪满山"的改革道路，就一定会迎来"窗含西岭千秋雪，门泊东吴万里船"般充满诗意的未来。

思考 83

学科课堂的生活化改造：现实的选择与可能的道路

说到教育，这是一个盛产概念的时代，也是一个盛产"危言"的时代。比如，一些人基于"教育即生活"的教育理论、现代数字技术发展的基本走向和未必成熟的小型化、个别化的实验（当然，这种实验的勇气和价值值得尊重），迫不及待地提出要推翻已经传承三四个世纪之久的学科教学和班级授课制，实施"全课程"教学和个别化学习。还有一些人更是借助信息灵、外语通的优势，煞有介事地告诉我们，世界教育第一的芬兰已经取消学科教学，实行完全的"现象教学法"。两股潮流不约而同，合而为一，正在影响高层决策，使一线校长、教师的神经紧绷。于是，一股课堂改革与世界接轨的"跃进"之风呼啸而至。领导固然言必谈全课程，以显示自己高瞻远瞩；一线教师更是战战兢兢，生怕拉了中国教育进步发展的后腿。于是，一半是行政命令之下，一半是各种利益考量之下，各地各校都冒出不少全课程、个别化教育的先进典型，展现出中国教育改革"闻风而动"的现实图景和令人充满期待的未来。

但是，且慢。我等一线教师，虽然外语水平不高，信息不灵，但常识还在，经验还在。即使经验主义要不得，但谁也不敢说，经验就一点价值也没有。那就先从常识说话吧。虽说当代科技发展呈现出越来越强烈的综合化趋势，知识学习呈现出越来越明显的整合化趋势，但如果没有起码的学科知识打底，这种综合化水平有多高，整合化程度有多深，自然可以想象。说一句不嫌尖刻的话，那种打着课程整合旗号其实是浪费师生宝贵学习时间并客观上助长做假风气的课堂改革，某种意义上还真有点"崽卖爷田不心疼"，不仅不科学，而且不道德。继而，我们再看看经验：连美国、英国这样的老牌教育发达国家，都没有迫不及待地宣布取消学科教学，特别是最老牌的英国，这几年来还不断请求中国支援其小学数学教学。芬兰教育部究竟是找到了什么灵丹妙药，可以超越绝大多数人的学习经验，完全取消学科课程？再说，假使芬兰2018年年底全部取消学科教学，那么过渡期怎么办？再进一步设想，假使中国推迟几年全部取消学科教学，这过渡期的学校和教师怎么办？幸好，这样的"危言"没有流传太久，芬兰教育部辟谣了，说他们只是在尝试"现象教学法"，没有也不可能取消学科教学。

事情到此，似乎让我们这些草根教师、一线校长稍稍安定了些，让那些走在前面的教育改革"精英"和"危言"发布者稍稍安静了些。但是，能否由此证明，学科教学就此高枕无忧、万事大吉，不要改革了呢？恐怕未必能。

其实，认真学习关于"全课程"教育的见解，仔细分析"芬兰教育改革"的点滴，平心而论，除了极个别出于功利考虑的人之外，绝大多数宣传者、研究者、探索者对教育改革的心都是真诚的，提出的观点也是符合人性发展实际和学习发展规律的，所作的实践探索也更具借鉴意义。最大的问题在于，或者准确地说，一线教师和他们的最大分歧是，他们说的大多是理想，而一线校长和教师更多的是站在现实的土壤上。"理想很丰满，现实很骨感"，大概就是对当下中国教育改革最贴切的形容和比况。

简言之，无论是从当代科技发展趋势还是从对学习理论的深度研究看，生活化教育、个性化体验式学习和全课程教学，都应该也必然是教育发展的必由之路。但现在的问题不是我们要不要这样的理想，而是我们立足当下实际，如何尽早打通传统的学科教学与全课程学习之间的链接通道，从而脚踏实地而不是急功近利甚至表演作秀地走向理想的未来。如果借用民间俗语的智慧，真的是"又要马儿好，又要马儿少吃草"。换句话说，又要始终瞄准未来理想，又要切实改造现实，急不得也等不得，快不得也慢不得。

那么，连接这种学科教学现实和全课程学习理想之间的秘诀到底是什么？透过现象看本质，不难发现，是生活化。也就是说，我们不能为了完成学科知识的灌输而教学，而要为了适应、丰富学生的生活而教学。为此，立足现实土壤，主动加强对学科教学课堂的生活改造，便成为我们走向理想之路比较现实的选择和可能的道路。

一是就课堂教学内容而言，要实施资源优化。这种优化有两种途径：其一，不仅仅是根据教材自身的逻辑讲解教材，更多的是根据学生的生活逻辑重整教材，和学生一起解析教材；其二，不再是局限于已有的书本教材，而是更多地吸纳生活中的相关资源，乃至更多地引用学生个体的生活经验，真正使学科课堂成为观察、体验、理解以及改造生活的小舞台和大窗口。其实，对于这一点，很多优秀的教师早已将其提炼为上课的"三会"："会举例子""会用例子""会和学生一起举例子、用例子"。

二是就课堂教学方法而言，要实现方式转型。就教师而言，迫切要实现的是从"教"教材到"看"生活的转型；就学生而言，迫切要实现的是从记忆"死"知识到理解、联想、拓展、应用"活"知识的转型。为此，教师要将更多的课堂时间和精力从讲授中抽离出来，着力提升自己的观察、诊断、提点、引领能力，学生则要将更多的时间和精力从死记硬背中抽离出来，着力提升自己的理解、迁移、想象、实践能力。

三是就课堂组织管理而言，要实行形式创新。生活化的课堂，本质上是更具自主学习可能、更体现个性化成长的课堂。传统的"排排坐、一言堂"，教师一讲到底的课堂形式，已经越来越不适应学生学习的需要，更难以适应当代以信息技术为主导的全新学习装备进课堂的现实。为此，打破"大一统"前提下的小组讨论，基于个别习得基础上的合作学习就理所当然成为当下学科课堂改革的主流。当然，现实条件下，这种以生活化为导向和追求的小组合作学习，并不完全排斥必要的课堂组织和集体学习，决定课堂形式创新与坚守的，归根到底要看师生的共同选择和切实需要，而不是行政领导的命令或者某些精英专家的倡导。

四是就课堂评价而言，要实现作业革命。学习离不开评价，评价需要适合的载体和工具。当下课堂评价改革的一个令人尴尬的症结，或许就在于一些评价理论过于超越实际，一些评价工具过于复杂抽象，导致一线教师难以把握，无所适从，最后产生逆反情绪与应付心理。其实，无论课堂改革怎么推进，课堂作业总是最基本、最直接的反馈与评价载体。所不同的是，基于生活化的学科课堂，其作业的内容就不能仅仅局限于知识的掌握，而必须扩充至师生生活的方方面面；其作业的时间，就不能仅仅局限于课后的练习、探究，而必须跟进于课堂学习的全部进程；其作业的评判，就不能仅仅局限于教师单方面的对错判断和简单点评，而必须引进学生的自我判别和同伴的互助式批改。

五是必须着重强调的是，除了课堂内容、教学方法、组织管理、学习评价的改造，可能更为根本的还有一个方面，就是课堂目标的科学设定与有效达成。现在，在一些学校和专家的眼里，一线教师几乎都不敢提目标，似乎一提就是机械学习，就是传统守旧。这事实上造成教师的新的茫然失措，也助长了基层教学的形式主义"作秀"风气。既然学习依然还是一种规定时间里的任务，既然学习还远没有达到仅仅为人们的休闲享受而存在，依然还涉及学生未来的升学与就业，那么就必须承认，课堂教学目标一定有存在的必要。当下课堂教学目标的问题要么过窄，仅限于固化知识的传递，充其量加上应试型练习的训练；要么过宽，每节课都刻意追求核心素养的培育和人的成长的实现，最终导致课堂的德育目标和所谓的素养目标只能沦落为教师慷慨陈词、学生假装应付似懂非懂的"贴标签"。改变这种课堂目标要么过窄、要么过宽的现象，归根到底是要坚持一个方向，就是课堂教学目标的设定要切实从知识本位走向人的本位；还是要坚持一个准则，就是课堂教学目标的设定既要夯实知识基础，又要走进知识的背后把握思维流程，更要实现能力的提升和人格的涵育。知识、思维、能力与人格"四位一体"，操之有度，或许正是课堂教学目标走向生活化改造的实践选择。

学校总处于时代中，教师更总是处于现实中，也许正是由于现实的不完美、不完善，所以才需要改革。但是任何改革的实现从来都不是一帆风顺的，更不是一蹴而就的。我们坚信学校全课程教学、学生个别化学习理想实现的那一天一定会到来，但更应该思考和行动的是，在理想完全实现之前我们该怎么做。课堂的生活化改造，包括课堂资源的优化、方式的转型、形式的创新、作业的革命和目标的完善，就是一条通向理想的可能道路，也是一种更接近理想的可能选择。虽然"多少事，从来急"，但在态度上我们必须"只争朝夕"。列宁早就指出："真正革命的政党的职责不是宣布根本做不到的'绝对不妥协'，而是要通过各种妥协（在它们不可避免的时候）忠于自己的原则、自己的阶级、自己的革命任务，忠于准备革命和教育人民群众走向革命胜利的事业。"说到底，任何改革的本质可能正在于妥协——理想与现实的妥协，人员与任务的妥协，时间与要求的妥协……我想，大到社会的变革是如此，小到学科课堂的改造也是如此。

思考 84 热闹的人工智能时代，冷静的创造力课堂

都说"知识就是力量"，又说"科学技术是第一生产力"，但余生也晚，更没有"时光穿梭机"，因此无法确切知道当第一台蒸汽机代替人工时普罗大众的态度，也无法知道后来电气时代来临时人们到底是欢呼还是担心。不过我想，欢呼是一定的，因为人力得以大幅度解放；担心也是存在的，因为机器会让许多体力劳动者失业。而且，我也差不多可以肯定地推测，那个时候不管是欢呼还是担心，人数总是限定在"某些"或"局部"，然后才不断扩大。因为受限于信息传播手段，不同的人对于科技变革影响人类生活的感受其实是处于不对称状态。当一些人为技术进步而欢呼或担心时，另外相当一批人依然是——"热闹是他们的，我什么都没有"。

然而今天、这一次，当以人工智能为代表的新科技革命疾驰而来时，却几乎在同一时间引起所有人的关注。而且，所有人几乎在同一时间表达或者说是宣泄了自己的态度与情绪：要么欢呼，要么恐慌。

欢呼者认为，人类再次站在新技术革命的转折点上，对新生活的期待与应对成为每个人的主旋律。恐慌者觉得，人工智能来得太快，势力太强，不仅波及人的当下生活，甚至危及人类生存。据英国《金融时报》介绍，未来20年，美国几乎一半的就业岗位，印度三分之二的岗位，中国四分之三的工作，都很可能将被人工智能取代。许多半真不假的好莱坞科幻大片更以机器人大战等为噱头，助推人们对人类未来的"说无还有"的忧虑。

为什么这一波技术革命引发的关注、欢呼、恐慌如此空前与深刻，迅速形成波及全球的"人工智能热"？这一方面是由于信息传播技术与载体的高度发达，尽可能减少了信息不对称；另一方面，这次人工智能热的形成与推动方式多多少少具有一些类似商业营销的特点，足够形成"吸睛效应"与

"戏说特质"。比如,"阿尔法狗"战胜诸多围棋高手;又如,高考机器人在十来分钟里答完北京数学高考试卷并获得高分……

不过,对于一个理性的观察者而言,我们所能做的恐怕还不仅是关注这一趋势,甚至是助推这一份热闹或恐慌,更多的是立足当下思考可行的应对之策与可能的实践之路。就广大教师、校长而言,更要切实考虑怎样通过教育教学,特别是主动的改革与转型,尽量使学生免遭被人工智能打败的命运。

事实上,这不是第一次,当然也肯定不是最后一次让教育与技术站在竞走、角力的起跑线上。20世纪初,当自动化浪潮席卷人工体力劳动岗位时,美欧等发达国家未雨绸缪大力发展教育,使劳动者通过更好的工作和薪酬获得红利。正如经济学家埃里克·布林约尔松所指出的:"工业革命开启了科学技术与教育之间的竞赛——在20世纪的多数时间里,人类是这场竞赛的赢家。"

那么,在当下这场对手是"同时取代人的脑力和体力"的人工智能的新竞赛中,教育如何再次跑赢技术呢?"阿尔法狗"的创造人哈萨比斯给出答案,就是创造力教育。他认为:"人工智能往往可以井井有条地解决问题,但是人类大脑在有逻辑地发挥想象力进行跳跃性思维方面要出色得多。"人工智能也许可以海量处理数据,不断自我学习,但人类许多从零到有的发明则凝聚着智慧之光,例如文字、度量衡等。这种创造力是人工智能暂时难以企及的。"The best way to predict future is to invent it."(预测未来的最好办法就是创造它。)马云也强调,"人工智能时代,创造力和社交能力将决定孩子的未来"。我所认识的北京惠众教育研究院的郑广生、李国昆等先行者则早已开发了从幼儿园到中小学乃至大学阶段的一系列充满创意、令人眼睛一亮的创造力课程,力图通过创造力教育,使学校成为激发好奇想象、充满自信创新的"火星家园"。

于是问题来了,一方面是教育呼唤创造力教育,另一方面是社会已走在学校前面。那么,一线教师与校长应该怎么办?我的答案是:态度上应立即行动起来,但操作上则"有所为,有所不为"。

所谓有所为,是指一方面可以吸收当下最新的创造力教育成果,打开学校大门,加大与社会创造办教育的合作力度,加快引进、改造、完善相关创造力课程,这方面行动越迅速,应对人工智能时代的新挑战也就越主动;

另一方面，学校要加大教师培训力度，认真改造现实的课堂，唯有具有创造力的教师才能培养出新一代具有创造力的学生，唯有让每一节现实的课堂都绽放出创造力的光芒才能最终让我们的下一代跑赢与人工智能革命的艰难马拉松。

所谓有所不为，是指必须认识到毕竟一口吃不成个胖子，首先，创造力作为一个人的基础能力，必须基于学生基本知识、基础人格及其他技能的共同提高与内在融合，这需要一个长期的学习积淀、训练与实践；其次，当下学校以学科教学为主体的教学模式还难以也不能一下子取缔，教师本身的创造力素养的形成也不可能一蹴而就。所以，比较理想的办法是，审时度势、立足实际转变教师的课堂理念，改进课堂学与教的方式，实现现实课堂与创造力教育的有机"嫁接"。

一是教师心中首先要有创造力这个魂。无论是设定课堂目标，演绎推进课堂流程，还是布置课堂作业，开展个别化指导，都要自觉纳入创造力这个意识，落实创新思维这个指标，培养创新创造这个习惯，力求以"熟读唐诗三百首"的坚持与执着，迎来"不会做诗也会吟"的图景与局面。

二是教师眼中关键是要有创造力这束光。在课堂教学实践中，师生依托教材，整合其他资源，实现知识的积累与更新、能力的培养和提高以及情感与人格的丰富和升华。教师教学水平的高低，很大程度上取决于其挖掘教材、解析与利用资源的能力。所谓戏法人人会变，各有巧妙不同，说的就是这个道理。教材和学习资源中隐藏着许多创新元素，关键要看教师眼中有没有一束发现创造力、培养创造力的亮光，能够整合创造力资源，唤醒学生隐之于内的创新潜能，启蒙并不断发展学生的创造自觉。这或许就是新时代教师最为不同的"巧妙"之处，也或许就是看上去波澜不惊的学科课堂悄然变化的"转型"之道。

三是教师手中要有以创造力改进课堂的优化之法。传统学科课堂加上考试导向，任何试图急功近利彻底革命的思想，某种意义上都是列宁早就批判过的"左派"幼稚病。事实上，正如李光复所强调的，人工智能袭来之际，希冀创造力可以帮助人类实现超越，但不能忽视知识教育，而是在知识教育基础上激发学生的创造性。由此看来，教师依然要夯实课堂知识基础，只是这种新的知识基础一方面要揭示其内在的创造力逻辑，另一方面要伴随知识的发现、理解与探究,着力突出培养学生创造力的思维与实践习惯。在我看来,既然创造力的主要特征是创新、辩证、多元与探究,那么师生无论是在课堂有限时空还是在课外无限时空中,都要着力处理好"无与有""正与反""一与多""试与做"等四对主要关系,让学生在无中生有、有还似无的变化中,在正与反、一与多的转换中,在"let me try"和"let's go"的尝试中,掌握创造之法,享受创造之乐。

  心中有创造力之魂,眼中有创造力之光,手中有创造力之法,或许正是立足当下课堂,应对人工智能挑战的现实选择与路径。热闹的人工智能,需要理性、冷静的创造力课堂。毕竟积溪流方能成江海,积细壤方能成高山。仅靠热情的欢呼或者隐约的担忧与恐慌,跑不赢新的技术与教育、时代与人的竞赛……

思考 85 知识 App 时代，课堂如何维护"讲"的尊严？

不管承认不承认，不管是出于具体某个人的主动追随还是被动应对，进入 21 世纪以来，一个终身学习、处处学习的"学习型社会"，正随着知识载体技术的不断革新，迅速迎面而来。曾几何时，我们在电视上学习，听易中天讲故事，听于丹煮鸡汤；后来，我们在百度上搜索，结果搜到小学生家庭作业的答案；再后来，我们知道了 MOOC，听说了斯坦福的史朗，听说了他创建的网上学习平台 Udacity 3 天吸引 1 万多名学生报名，两个月聚集 16 万学生学习的盛况。然而今天，一种全新的学习方式又一次刷新我们的认知，颠覆我们的经验。一大批音频、视频的付费 App 如雨后春笋般涌现出来，从历史掌故到哲理思维，从烹调养生到健康美容，从高端艺术到电影赏析……以至于如果在今天，一个人的手机里没有下载喜马拉雅、得到、知乎，聊天时不知道罗振宇、蒋勋或陈果，都不好意思说我们生活在 21 世纪。

比起电视《百家讲坛》的时空有限性，比起百度搜索的不确定甚至"风险性"，比起 MOOC 的系统烦琐与耗时耗力，这些知识 App 简直具有"随叫随到、机动灵活、轻装上阵、效果直接"等诸多优点，确实契合了当下快节奏时代人们对知识学习的迫切然而也更功利的需求。所以，有人惊呼，知识 App 真正让时时、处处、人人的学习成为可能。当年罗伯特·赫钦斯所向往的"学习型社会"的理想，正实现于当下。

都说教育是经济社会发展的基础与先导，教师是人类灵魂的工程师，学校和教师用自己的知识和风范雕塑了时代。可是事实往往是，在学校和教师雕塑时代以前，常常要先被时代雕塑。想当年，易中天、于丹"红"的时候，有多少专家、教师跳将出来，努力将自己打造成校园里的"易中天""小于丹"；后来 MOOC 盛行的时候，又有多少学校公开宣布，我们已经实现"课堂翻转"。这一次，恐怕又有不少人已经行动起来，将优秀教师的授课视频、音频打造成付费应考App……从某种意义上说，所谓的教育改革、学校转型，更多的是被时代裹挟着，"不得不改""不得不转型"。对此现象，不同的人形成截然不同的意见。批评的人有了证据：证明教育是中国改革的最后也最顽固的堡垒；忧虑的人也有了说辞：教育本来就是慢的事业，这样三天两头地折腾跟风，受伤害的到底是谁？

公说公有理，婆说婆有理。但是限于能力和眼界，我们无意也更无力对此作出一个特别客观、特别公正、特别科学的判断。中国教育的问题太多，影响教育的因素更多，绝非一两个案例、一两天争鸣就能说得通、讲得透。我们所能关注，也必须关注的是，对于一线基层而言，特别是对于绝大多数要天天进课堂、天天上讲台的教师而言，在应对知识App横行的时候，似乎更多了一层烦恼。这突出地表现在两个方面：其一，那些音频、视频里的罗振宇、蒋勋们，比起当年的易中天、于丹，无论是肚子里的货色还是言谈表达的水平往往都有过之而无不及，想来更超越普通的语数外、理化生教师许多。这一方面固然会让教师心里难免"相形见绌"；另一方面，更会让那些经常使用App，被罗振宇、蒋勋们"熏陶"过，提高见识的家长、领导们，反过来对一线教师提出更高的要求。说实话，这就使本已很边缘化、很弱势的教师的"生存空间"，进一步受到社会和家长的更大"挤压"。其二，由于知识App的短平快、即时性、生动性等特点，在受到大人热情追捧的同时，自然也受到在校学生的积极追随。当然，这样的App学习，对于激发学生兴趣、拓展学生视野、熏陶学生思考习惯、培养学生人文素养和生活技能等，其作用肯定无法估量，我们应该举双手赞成。但也让我们不无担心的是，正如当年古人所提出的"少不看水浒，老不看三国"，青少年学生正处于学习的黄金时期，不仅要像海绵吸水一般吸收各种碎片化知识，更要进行严格的、系统化的知识学习和训练，否则，培养出来的人才，除了能说会道、见多识广，恐怕将一事无成。虽说我们现在的教育总在强调要为学生的幸福感受而教，但我一直疑惑的是，一个只注重自我幸福感受的人，哪怕是能说会道、见多识广，却身无长技，除了"精神胜利法"，他真的会幸福吗？更不要提关心别人和社会，做新时代中国梦的建设者和接班人了。所以，回到哲学思辨上，任何新事物的出现，总会有利有弊。知识App既活化了学生的课外学习，也可能会助长学生的自以为是、一知半解，甚至好高骛远。这无论是对学生的成长还是对教师的教学，都是致命的。

简言之，知识 App 的盛行，特别是上述两个问题，给教师的课堂教学带来最新也最严峻的挑战：第一个问题，要求教师进一步提升专业标杆，强化专业修为，努力做到"遇弱不弱，遇强愈强"；第二个问题，要求教师因势利导，引导学生正确对待 App 学习，处理好课内外学习的关系，进一步夯实学生系统学习和习惯培养的根基。

如果将上述两个方面归结为一点，恐怕就是：知识 App 一下子还难以完全取代教师课堂教学，教师必须正视知识 App 时代的正反两个方面的影响，切实改进课堂教学。既然罗振宇、蒋勋们靠讲来"赢"得粉丝，既然教师平常上课依然要靠"讲"来立足，那么，我们就有必要更进一步正确对待和不断优化我们的"讲"，真正以自觉的改革和转型维护课堂"讲"的尊严。

其一，更全面地备"讲"。教师上课离不开讲，"讲什么"在什么时候都是"怎么讲"和"讲得怎么样"的前提。过去教师备"讲"，主要是备教材，后来扩展到备各种其他学习资源，乃至有专家提出要"备生活"，这些都是正确的。今天，恐怕教师还要更主动地关注各种知识 App，更多元地吸纳知识资源。只有这样，才能真正做到"手中有粮，心中不慌"，在面对用知识 App 武装起来的家长、学生时，不至于落伍，不至于因为学生和家长走到我们前面而茫然失措到"心碎得渣渣一样"，也才能更有针对性、更有目的性地"开讲"。

其二，更科学地改"讲"。长期以来，之所以教师"一言堂"的教学方式难以改变，根本上可能源于一个基本假设，就是在教师看来，学生永远是一张白纸，学生听课就像海绵吸水，所以教师讲得越多，就是对学生越负责。殊不知，在 App 时代，学生通过各种"道听途说"，早已不是一张白纸，但也会失去系统听讲、持续训练和专注学习的兴趣，为此，教师必须自觉改变自己的讲课方式，不断优化课堂"讲"的行为。我以为，要着力突出以下四个字：一是"精"，就是要全面了解学情，变"满堂讲"为少讲精讲，留出更多时间给学生消化、思考、交流。二是"换"，就是要变换课堂讲的主体，改教师一个人讲为更多地让学生讲。从某种意义上说，就是要善于让学生将在 App 中得到的东西和在课堂中融汇生成的东西，自己讲出来。三是"活"，就是要主动借助知识 App 等学习介质，改以往教师"肉声讲"为音频、视频甚至是实物等多形式、多样态讲，不断活化教师讲课方式，更好地促进学生的体验式、沉浸式学习。四是"导"，就是根据 App 时代学生课外学习选择多样化、知识来源碎片化、知识储存个别化的特点，既针对 App 时代学习的共同特点，着力强化系统化学习和训练的指导，又针对学生个人，指导每个学生扬长补短，差异发展，真正实现"一个人一张课表"。

其三，更负责任地评"讲"。不管什么时候，教师讲课的成效绝不止于学生知识的增长和见识的拓展，而应该是人的素养的扎实和可持续提升。App 时代，既不是教师讲课的"掘墓人"，更不会弱化对教师讲课责任心和专业化的严格要求。为此，教师既要因时而动，主动学习，顺应 App 时代的新特点、新要求，又要戒急用忍，反对任何跟风作秀的形式主义和虚假繁荣。说到底，讲课的教师不是要做网红和明星，而是要做真正的"大隐隐于市"，做学生全面发展的"幕后人"。

说一千，道一万，知识 App 时代，无论是对教师的"讲"，还是对学生的"课"，都提供了全新的机会，也提出全新的挑战。在知识 App 时代，维护教师课堂"讲"的尊严，何尝仅仅是为了区区一个"讲"字？"讲"的背后有学习、责任、智慧、改革……归根到底，要改的是教师这个"人"，要维护的还是教师"人"的尊严。

思考 86 "小学神题"与创造力教育

又到春晚时间,但是很多人已经不太关注。究其原因,是真正有内涵、有创见,又能逗乐观众的好节目不多。虽然过去很多年,陈佩斯、朱时茂的小品《吃面条》,赵本山、宋丹丹、崔永元的小品《昨天今天明天》等依然是春晚时间老百姓津津乐道的话题。对我个人而言,出于教师职业的习惯,则更喜欢2008年宋丹丹和赵本山合演的小品《火炬手》。这是因为里面有一极具脑筋急转弯意味的"金句":"历史上谁跑得最快?""曹操。说曹操,曹操就到。"既在意料之外,又在情理之中,所以即使过去整整十年,现在看来,依然饶有兴味。

从教育语言看,这一"包袱"之所以抖得很"响",大概是因为它首先有一定的知识作为基础(绝大多数观众对"说曹操曹操就到"这句俗语耳熟能详),然后加上开放性的迁移(从句子的原有含义迁移到跑步),展现出合理的夸张和令人忍俊不禁的想象,创造出别具一格的艺术效果。因此,某种程度上,可以为中小学教师开展以好奇心和想象力为核心的创造力教育提供形象性的、有益的参照。

然而就在最近,一则同样以培养学生想象力和批判精神为追求的小学期末考试"神题",引起广大网友的深切关注,也在线上线下激起热烈的讨论。说的是四川某地五年级数学期末试卷,出了这样一道令人惊讶不已的题目:"一艘船上有26只绵羊和10只山羊,船上船长几岁?"仿佛一夜之间,这道题目一下子"蹿"为"网红",同时也把相关命题者推到舆论的风口浪尖。

为此,该地有关专业部门作出"官方解释",指出:依据《中国学生发展核心素养》中关于培养学生"批判质疑"精神的要求,"本题是很好的开放性问题,给学生不设限的发挥,答案不唯一且没有所谓的标准答案,每一个学生都能按照自己的思维方式、对现实的认知和思考给出一个属于自己的答案",而且"有调查表明,我国小学生普通缺乏对数学问题的质疑意识和批判精神。鉴于此,在本期的小学期末试题中设计为一个知识考点,力求引领学生敢于挑战权威,打破思维定式,培养良好的质疑精神"。

　　应该说,这份"官方解释"的立场确实无可非议。中国学校教育长期对创新思维、创造力教育的淡化乃至漠视,一直是中国教育呼应时代需要、培养新型人才的短板所在。而且,他们为此所进行的探索也确实满含诚意,通过一条不设答案的题目,展现一种追求批判、质疑、多元、创造性教育的教学导向。

　　但是,由此却引发出三个值得我们深思的问题。

　　一是这样的题目应该出现在哪里?我想,如果出现在宋丹丹的小品中,哪怕是出现在学生的课余社团活动中,恐怕其引起的争议会小得多,起到的积极作用也会大得多。偏偏它出现在以科学性、规范性,特别是公平性为第一要义的期末考试试卷中。既然是考试,就一定要有相应的信度与效度。诚如命题者所言,本题没有答案,那我们不禁要追问:是不是答任何年龄都可以?不答年龄可不可以?否定题目可不可以?按照"官方解释",大概皆可。那么,问题来了,答6岁的和答24岁的,否定题目的,各应该得多少分?甚至不写答案的,是否就是0分?其中的差距到底是什么?这缺乏应有的信度。如果大家不管给出什么答案甚至不给答案都得一样的分,那么这样的考试效度又何在?所以,在我们看来,不管命题者多么富有创新精神和改革诚意,这道题目放在正式的期末数学试题中总是不太严肃的。最起码,不如放在附加题中更能体现命题者的严谨精神。

　　二是这道"神题"和宋丹丹"金句"的本质是否一样?都说演员"台上一分钟,台下十年功",宋丹丹小品中的"金句"说出来几秒钟,却包含着所有创作者人文积淀的基础和艺术表达的能力。更重要的是,这种意料之外的"笑料",却体现出情理之中的"知识的基础、开放的迁移、合理的夸张和自然的想象"。我想,这正是所有真正具有幽默精神的艺术作品的基石和共性所在。否则,单纯为逗乐观众的笑料,充其量只能称为滑稽,很难够得上幽默。由此看来,一则哪怕夸张到荒诞的笑话,也要具备一定的科学基础和合理的逻辑脉络,更何况小学阶段侧重于浇铸学生知识、思维和实践基础的数学学习。拿宋丹丹的"金句"对比小学"神题",就不难发现,后者虽然也具备一定的"意料之外"之效,却根本不在"情理之中",更难以综合考量一个小学生的"知识的基础、开放的迁移、合理的夸张和自然的想象"。所以,即使从笑料的"包袱"效果看,该"神题"与宋丹丹的"金句"还是有很大的差距,更不要说培养学生的批判质疑精神、落实《中国学生发展核心素养》了。

三是到底该如何实施中小学生的创造力教育?创新思维和创造力教育的缺失,一直是中国应试教育饱受诟病的理由之一。为此,自20世纪90年代以来,很多地方和学校普遍开展了以创新思维和创造力教育为核心追求的教育教学改革,在取得不小进展的同时,也必须看到确实存在不少的问题。

其一,学生要不要进行创造力教育?应该说,无论是早年雷蒙德·卡特尔(Raymond Bernard Cattell)的流体和晶体智力理论,还是后来加德纳(Howard Gardner)的多元智能理论,都承认和肯定,尽管存在个体优势的差异,但是以好奇、质疑、批评为重要特征的创新思维和创造能力是每个人的天赋潜能。换言之,唤醒、开发中小学生的创造力,是教育工作者促进学生全面发展的应有使命,更是尊重每一个学生学习权、发展权的现实体现。对中小学生开展创造力教育,不仅有必要,而且有可能。

其二,学生的创新思维和创造力会不会凭空产生?纵观中外教育发展史和人才成长史,除了极个别"灵光一现"的"上帝的宠儿",比如牛顿由苹果落地现象发现万有引力,爱因斯坦通过时间的想象提出相对论,对绝大多数普通学生而言,没有一定的知识基础,没有起码的好奇心,没有基本的迁移、探究与想象的路径和方法,很难唤醒他们潜在的创新创造能力,更难以增长其创新创造能力。指望通过某种"异想天开"的神题培养学生的创新思维和创造力,无异于"大跃进"式的"一步登天",甚至是背离务实学风的"摆拍"与"作秀"。

其三,什么才是学生创造力教育的可行路径?说起来,创新思维培养和创造力教育不是什么太过神秘的东西。既然教育的本质在于生活,而生活中处处有创新、创造。而且,课本是编选者根据对学生身心发展规律的把握,精心挑选出来的历史经典和时代新篇,其本身就包含创造力的光芒,所以,课堂理应充满创造的张力。平心而论,近年来,不少地方和学校在课堂的创造力培养和学生创造性社团活动的组织方面，付出极其艰辛的努力，积累了很有益的经验，为我们开展创造力教育提供了很好的借鉴。但是日常操作中，也确实存在碎片化、形式化的问题，"神题"的出现，恐怕就是这种怀着真诚态度却可能念出形式化的"经"的极端表现。实践证明，当前情况下，真正有效、持续培养学生的创造力，还是要在立足课堂学习的基础上，整合各方面学习资源，努力建构一套中小学生创造力教育课程体系。上海市长江路小学是一所在名校如林的上海并不见得多么特别的学校，但是近年来，该校主动引进并积极开发具有鲜明校本特点的创新思维课程，不仅有力推动学校的内涵建设，更促进了广大师生更自信、更持续、更快乐地成长。让我这样的"教育人"汗颜和反思的是，提供这一套课程"母本"的，竟然不是"圈中"大咖，而是一直以来默默耕耘的北京惠众教育研究院。这一方面表明，在创造力教育和创新课程开发方面，社会已经走到教育的前面；另一方面也表明，学校与社会密切合作，在学生创新思维培养方面必将大有可为。

  总之，创新的时代，呼唤创造力教育。但是，创造力教育需要科学的规划和扎实的实施。那种指望一两道"神题"培养学生创新思维的做法，即使出于真诚的意愿与追求，用李国昆先生的话来说，终究不过是"懒惰的托付"。

思考

87 当年其实可以教得更好

新春佳节，或是外地同学归乡，或是本地同学小聚，时常会邀请当年的教师参加，有时甚至专设一场谢师宴。在不违反规定的前提下，师生一起回忆往昔，闲聊当下。多年师生成朋友，说到以前的趣事，固然笑作一团；说到昔日误会，也微微一笑泯"恩仇"。其中的温馨、温暖自不待言，师生的情谊、从教的幸福感受，恐怕也不过如此吧。

作为被邀教师，参加这样的聚会，除了现场感受聚会快乐，收获青春记忆，可能还有一份不言自明的职业满足。一个学生，一生不知要经历多少老师。多年后，依然能请某个教师聚个餐、聊个天，实际上表明，在他们的心里，这个教师是值得他们铭记乃至感激的。这一份发自内心的情感，在这样日益功利化的时代已不多见。抛开那些未必实事求是、难免以偏概全的"违反师德、接受吃请"之类的指责，参加聚会的教师心里，难免有感动、安慰，甚至有些许自得。

但是如果稍微站在职业的角度，透过聚会中哪怕是点滴的谈笑与互动，或许会引发我们对当年乃至当下工作自然而又深切的反思。

一是当年或许我们对很多学生"看走了眼"。都说"从小一看，到老一半"，一个教师之所以能够教得有声有色，很大程度上就在于经验丰富。但是十年八年后，参加学生聚会发现，当年的"调皮王"现在却变成"雅皮士"；当年的"闷葫芦"却成为整个聚会的"热点"发言人。那么，作为教师，就不能不思考，学生的这些让我们几乎"大跌眼镜"的变化，有多少是后来形成的，当年我们的主观印象有多少根本就是个错误？所以，如果还能够回到当初，我们是不是对学生的个性特点还可以认识和把握得更具体、更充分一些？

二是当年或许我们对很多学生"用偏了心"。没有教师不希望学生好。为此,即使不是为了中高考,教师也会对学生提出这样那样的严格要求,以显示自己的"良苦用心"。对成绩好的学生,我们常常会鼓励他们"百尺竿头,更进一步";对成绩落后的学生,我们又会千方百计激励他们"知耻而后勇"。说起来,教师的这种不厌其烦的"唠唠叨叨",当年可是激起不少学生的逆反心理。但说来奇怪,也许正是这种"婆婆妈妈",却让走上社会十年二十年后的学生倍感怀念、倍觉暖心,并成为后来聚会的重要谈资与话题。然而,站在教师的角度,我们不能不反思,当年对学生的良苦用心是否一定正确。曾经有一名高中时一直被我当作激励对象的"差生",多年后不仅凭自学完成本科学习,并且成为单位中的技术骨干和管理精英。他就对我说:"老师,其实我进初中时是班上第二名,只是在初二的时候跟数学老师'杠上了',所以,不仅中考成绩很惨,整个高中三年都被人当成'差生'。老师,我不笨。"虽然这名学生在聚会上说这些过往的时候始终面带微笑,可在我们听来却无异于振聋发聩。一个原本很聪明的学生到了我的班上,几次考试成绩不理想,我便始终以"差生"待之。虽谈不上放弃,也做到了个别指导,可指导的理念和方法却没能做到"对症下药",最后导致"我本有心向明月,奈何明月照沟渠"。一名教师仅有"爱和责任之心"显然远远不够,归根到底要把这一份真实、真诚之心实实在在地落到每位学生身上。所以,如果还能够回到当初,我们"良苦用心"的付出是不是可以更精准、更客观一些?

三是当年或许我们对很多学生"用过了力"。教师接受家长、社会的委托教书育人,"捧着一颗心来,不带半根草去"成为绝大多数教师的座右铭。"宝剑锋从磨砺出,梅花香自苦寒来。"我们在心里对自己说,只要对学生好,只要自己无私,学生现在苦一点、累一点,将来也会感谢老师的。于是,我们对班级管理更多了一份在责任感驱使下的包办代替,对学生学习更多了一份牺牲精神激励下的负重前行。久而久之,师生的负担在不知不觉中加重,班集体缺少了一种青少年应有的蓬勃朝气。现在,不少人在评价这种状况时,往往指责教师师德缺失,专业化水平不高,平心而论,有失偏颇,有失公允。但我们也必须承认,有时候即使师德、专业水平都不错的教师,也会在不知不觉中对错了靶、发错了力,从而导致"有心栽花花不开"。记得有一年的学生聚会上,一名学生就对我说:"老师,你还记得有一次你开班会专门讲'ET'外星人的故事,鼓励我们探索宇宙吗?其实,这部电影我们全班都看过了。"一句玩笑话,警醒梦中人。学生是学习的主体,是自己成长的主人,教师包办,是用力过猛的表现,甚至是懒惰的表现。所以,如果还能够回到当初,我们心血和精力的付出是不是还可以更适切、更科学一些?

生活处处是课堂。这句话不只是对学生说的,对教师同样适用。哪怕是参加一次学生聚会,有心的教师会发现其实自己当年可以更好一些。年年有春节,年年有聚会。与其说是我们一次次发现当初的不足,不如说是一次次找到前行的方向。

思考 88 "减负"三问

平心而论，只要有教育、有学习，就必然有一定的负担，也自然有学校、教师或家长源于个人理解的不同，在学生学习负担方面认识出现偏颇。当负担超越一定限度，"减负"便成为必要。从这个意义上说，"减负"并不是一个新话题，甚至是教育自然、真实发生与发展进程中出现的一个经常性话题。它不是从今天始，也不会从今天止。只要我们承认没有真正完美无缺的教育，就必须承认"减负"本就是与教育探索相伴始终的常态性任务。

但是时移世易，伴随经济社会发展的深度转型，今天的"减负"较之以往正呈现出两个重要的特点：从关注广度看，"减负"正在由教育系统内部的"技术性"话题，转变为由学校、家长、社会共同引发又理所当然必须由学校、家长、社会共同治理的"政治性"话题；从关注的深度看，"减负"正在由学生作业量、在校时间等学业负担的"单一性"问题，转变为包括学生身体、心理、学业等各种要素的"系统性"问题。上述两点转变，正是当下"减负"的困难所在，也是李克强总理在政府工作报告中重点强调"减负"的意义所在。然而，提"减负"易，治"减负"难。要想新一轮"减负"取得决定性成效，恐怕还有三个问题，值得我们深思。

其一，负担加重背后的社会心理到底是什么？

行为的背后一定有相应的动机、心理。复杂的社会行为背后，一定有更为复杂的社会心理。到底是什么导致区区一个"减负"从"技术性"话题演变为"政治性"话题，从"单一性"问题演变为"系统性"问题？

一是转型加剧背景下人们生活的"不确定"心理。当下的社会，真可谓崔健当年一首歌所唱的：不是我不明白，这世界变化快。深度转型的社会生活，不仅打破所有人的生活节奏乃至生活方式，更从心底深处对每一个家庭、每一个人的自我评价、未来期许产生强烈的震荡。从股市线条的变幻莫测到多少职场风云人物的登场谢幕，见怪不怪甚至麻木不仁中，不知多少人透过这种生活的不确定性，认清了老百姓常说的"看你起高楼，看你楼塌了"的现实与冷酷，又不知有多少人于这种不确定中想起老祖宗流传多少辈的告诫——"万般皆下品，唯有读书高"。事实上，早在2014年，法国经济学家托马斯·皮凯蒂（Thomas Piketty）就在他引起巨大反响的著作《21世纪资本论》中指出，不受制约的市场经济导致财富不平等的加剧，堵塞了青年上升的通道，客观上进入"拼爹"的资本主义的死结。而通过促进教育发展，让学生有更多的学习机会和学习竞争力，则是加快社会阶层流动的一种可行性选择。具体到我们现实的生活，如果说当年中国刚刚进入市场经济时代，确实出现一定程度的"读书无用论"，那么时至今日，更多的人则透过"不确定"的生活表象，"确定"地看到让学生读书、多读书，甚至死读书的必要与必然。这一种"读书热"虽然带有浓郁的功利主义色彩，但客观上也确实助长了学生学习负担的日益加重。

　　二是单一质量观引领下片面学习的畸形竞争心理。一方面，不管时代如何变迁，家长望子成龙的心理总是存在并在起作用。尽管越来越多的家庭和父母对"望子成龙"的内涵有了更多更新的解读，开始关注孩子的身体、心理及其他方面，但是学业成绩始终是绝对重要的"头等大事"，不顾孩子实际，更不管孩子喜欢不喜欢，报名这个培训、那个竞赛早已是家常便饭，至于为了赶孩子去学习班而搞所谓"物质刺激"或者动辄"动用武力"也不在少数，严重者甚至导致学生离家出走、跳河自杀的悲剧。另一方面，从学校层面看，尽管提倡素质教育已经20多年，尽管新课改实施已经10多年，尽管教育部出台学生核心素养的相关文件业已过去两三年，促进学生"全面发展""主动发展""个性发展"的理念的确不断深入人心，并不断转变为越来越多教师的日常行动，但是，一来新理念的落实本来就是一个因人、因校而异的非线性过程，二来就学校而言，如何评价教师在促进"全面、主动、个性发展"的劳动与绩效，目前仍然是一个难题。最为明确，恐怕也相对公平的依然是看学生考试的平均分、优秀率。为此，就很难杜绝教师在课堂上、放学后对学生的"添砖加瓦"。更有甚者，由于现实招生政策的不完善，某些重点学校、航母型学校与普通学校的不公平竞争依然客观存在，自然导致普通学校更加重视"起早贪黑",即使是重点学校也还有一个与其他"重点"竞争的问题,自然也不敢怠慢。于是,这样的学习压力与竞争负担,理所当然最终都要加注到中小学生单薄、可怜的肩膀上。

三是多元利益考量下的从众心理。学生负担加重的外在表现大多大同小异,但导致负担加重的原因却各有不同。除了那些坚定不移信奉"考考考成长的法宝,分分分学生的命根"的死硬派家长或教师,还有一部分家庭或学校在有意无意加重学生负担的背后其实有着难以言说却不言自明的从众心理。这又有三种主要表现:(1)"面子型"的,别人家的孩子上了辅导班、培训学校,我家的孩子要是不上,面子上过不去,也对不起教师;(2)"攀比型"的,听说别的教师靠上小课买了房,别的人家靠办"小饭桌""晚托班"赚了钱,就会激励更多的教师或者家庭投身客观上加重学生负担的"行列";(3)"诱导型"的,一些机构或者个人,有意无意传播"不让孩子输在起跑线上"之类的新理念,渲染在哪里辅导、在谁家上课见效快之类的小道消息,不自觉间加大"市场恐慌"。此种心态,与当下房产炒作、哄抬物价其实是一个道理,只是增加了家庭的开支,苦了中小学生的身心。

其二,推进"减负"不能减掉什么?

不管出于什么心理,超越学生身心承受能力的负担必须减下来,罔顾学生个性发展的所谓特长班必须停下来。但是,万事总有一个度,"减"负绝不等于"拒"负,推进"减负"不能像倒洗澡水把脏水和孩子一起倒掉。

一是不能减掉对学习目标的追求。学习能力是所有学生必然且必须具备的能力,主动学习是人生走向成功的关键要素。特别是在生活节奏不断加快、学习资源不断丰富、学习方式不断更新的今天,不爱学习与不会学习的人一定没有未来。汉代刘向说过,"少而好学,如日出之阳;壮而好学,如日中之光;老而好学,如炳烛之明";当代著名数学家苏步青先生也曾语重心长地告诉青少年,"为学应须毕生力,攀高贵在少年时"。既然终身学习已经成为地球人必备的基本素养,那么千方百计鼓励、支持、帮助中小学生树立学习理想、明确学习目标、展开学习之旅就理应成为所有学校、家庭、教师、家长的基本共识和共同行动。如果因为"减负"减掉学生对学习的兴趣与追求,结果只能是事与愿违。

二是不能减掉刻苦学习的坚守。近年来,受某些似是而非理念的影响,不少家长、学校，甚至一些专家，将孩子是否快乐、开心作为判断他们学习的唯一标准，动辄引经据典、例美证欧，给人们特别是广大青少年造成一种误解，似乎"人家的孩子"轻轻松松就考上大学，开开心心就找到世界五百强的工作，并且"抱得美人归"。而凡是给学生布置一定作业、强化一定训练的，一概以违反教育规律、不保护学生身心健康为由斥之。真可谓言之者谆谆，听之者藐藐。殊不知，世界上从没有天上掉馅饼的事，在青少年学习上更不会有随随便便的成功。古人说："人之为学有难易乎？学之，则难者亦易矣；不学则易者亦难矣。"正是从这个意义上说，"三更灯火五更鸡，正是男儿读书时"的劝学诗依然有着极强的现实意义，"清晨不学误一日，少年不学误一生"的旧训绝不只是经验之谈。"减负"如果减掉了刻苦学习的精神，实际上等于抽掉青少年成长的脊梁骨。

三是不能减掉知识基础的夯实。所谓减负，说到底是要减掉不必要的或者过了头的简单记忆与机械训练，真正解放学生的身心和大脑。但是，学习本身是一项极具科学性的行为，时间早已证明，一味死记硬背使学生沦为知识的奴隶固然不对，打着提高能力、拓展兴趣的旗号，无视知识储备与沉淀的观念和做法也不对。科学研究表明，除极少数脑洞大开的"天才"外，就绝大多数青少年学生的有效学习而言，没有厚实的知识基础，很难迁移出相应的生活能力，也很难培养出成熟的人格和丰富的情感。所以，我们提倡或推进"减负"，绝不意味着可以"踢开知识闹革命"，那种打着素质教育或教育改革旗号行"反知主义"之实的所谓"减负"，最终不仅不会让中小学生真正得益，反而会成为阻碍青少年健康成长的"帮凶"。

其三，"减负"之后还要"加"什么？

针对一个时期学生的负担实际，开展一次或几次行政推动、社会参与的"减负"活动，不仅必要，而且可行。但是真正的减负，绝不是减少学生作业、控制在校时间那么简单。我们不仅要考虑当前减负怎么"减"，还要考虑"减负"之后"加"什么。

一是对教师而言，要"加"的是对学生成长的全面关注。抛开少数为了一己利益而让学生客观上加重学习负担的教师，我相信绝大多数教师过于关注学生的记忆、练习，导致占用学生时间、构建书山题海，其实是有着一颗帮助学生成长的善良初心，只是这样的初心并不全面，更不科学。它只是关注到学生的"分数",却忽略了学生的健康、能力、情感及其他各方面的现实及其进步的可能。所以在执行多少带有强制性的减负规定的同时,教师一定要自觉转变教育理念,真正以一种服务成长的态度和科学研究的精神,着眼于每个学生作为一个"人"的发展,从事教育教学工作,科学设定学生的学习负担,努力促进从单纯"育分"到科学"育能"乃至全面"育人"的转变。

二是对学生家长和社会而言,要"加"的是对学校和教师工作的理解与认同。当下教育发展变革的一个重要趋势就是,学校围墙的不断被打破,家长与社会对学校教育介入度的不断提高。这客观上体现了学生学习的基本规律,也开拓了学校改革的视野与路径,但必须强调的是,教师本来是一项专业性很强的工作,学生家长和社会一方面可以监督、指导甚至批评教师的劳动,另一方面还必须尊重、理解、认同并支持教师的劳动。也不知怎么了,当今社会多少给人一种"闹者为王"的印象,学校也时常出现这样那样的"校闹"。对此,当然应该给予客观评价,对于那些确实侵害学生利益的学校管理或教师教学行为,学生家长和社会表达不满是应该的(当然,不应该鼓励不讲法度的"闹"),但是对于那些属于学校与教师专业和职权范围内的教育改革与制度建设,学生家长和社会出于某种利益的"闹"就有点不可理喻。一个将学校越来越逼向边缘、将教师越来越逼向"可怜人"的社会,绝不是理性的社会,更不会对学生的健康成长起到丝毫的促进作用。只有学校和家庭、学生家长和教师真正唱出"同一首歌","减负"的愿景才会真正实现,学生的成长才会真正有保证。

三是对广大学生而言,要"加"的是全面、个性化的发展。绝大多数教师和家长的一个共识就是现实的"减负"绝不等于学生的学习不需要必要的负担。所以,对学生总体而言,不必要的负担要"减下来",全面发展的负担要"加上去";对学生个体而言,学生的个性、学习基础及家庭情况不同,他们对学习负担与压力的承受度也就不同,所以,即使是具体到知识记忆与习题练习,不同的学生也要有个性化的课表和作业本。至于教师在布置面向全体的"共性任务"的同时,针对不同学生的优势,布置适合不同学生需求的"个性作业",则理应成为"减负"之后学校教育教学改革的一道新鲜的"风景"。说到底,教育的核心本就是为了发现每一个人,促进每一个人，发展每一个人。只有适合每一个人的教育，才是真正好的教育。

  2018年李克强总理在政府工作报告中提出"减负"，无疑为切实减轻中小学生过重的学业负担，还青少年一个真正的成长旅程指明了方向，明确了要求。因此，在控制在校时间、作业总量，保证学生睡眠与锻炼等具体措施的基础上，深入思考"负担加重背后的社会心理是什么""减负不能减什么""减负之后还要加什么"这样的问题，或许对于推动减负工作的常态化甚至学校和教师的良性发展，都有着非常现实和长远的意义。否则，一轮"减负"的雷声过后，大地上将依然一无所有。这不是悲观的论调，而是充满挚情的期许……